E...
Michael Berg ha logrado con éxito la monumental tarea
de traducir las verdades eternas de la vida a expresiones
de sentido común para el espíritu.
Sin duda alguna *El camino de la Cábala* se convertirá
en uno de los textos sagrados de su vida.

*Dra. Caroline Myss, autora de* Anatomy of the Spirit

Michael Berg logra comunicar
brillantemente las profundas leyes espirituales
y la antigua sabiduría de la Cábala de una manera sencilla
que puede ayudarnos a mejorar de muchas maneras
la calidad de nuestras vidas.

*Roseanne*

*El camino de la Cábala* revela la belleza
y el sentido práctico de la Cábala.
Compre este libro y léalo ya.

*Sandra Bernhard*

# El camino de la Cábala

# Michael Berg

del Centro de la Cábala

# El camino
# de la Cábala

Sabiduría milenaria para la
transformación espiritual y la plenitud

alamah AUTOAYUDA

Título original: *The Way. Using the Wisdom of Kabbalah for Spiritual Transformation and Fulfillment.*
Copyright © 2001, by Michael Berg

# alamah°

De esta edición:
D. R. © Aguilar, Altea, Taurus, Alfaguara, S.A. de C.V., 2002
Av. Universidad 767, Col. del Valle
México, 03100, D.F. Teléfono (52) 54207530
www.**alamah**.com.mx

Distribuidora y Editora Aguilar, Altea, Taurus, Alfaguara, S. A.
Calle 80 núm. 10-23, Santafé de Bogotá, Colombia.
Santillana Ediciones Generales, S.L.
Torrelaguna 60-28043, Madrid, España.
Santillana S. A.
Av. San Felipe 731, Lima, Perú.
Editorial Santillana S. A.
Av. Rómulo Gallegos, Edif. Zulia 1er. piso
Boleita Nte., 1071, Caracas, Venezuela.
Editorial Santillana Inc.
P.O. Box 19-5462 Hato Rey, 00919, San Juan, Puerto Rico.
Santillana Publishing Company Inc.
2043 N. W. 87 th Avenue, 33172, Miami, Fl., E. U. A.
Ediciones Santillana S. A. (ROU)
Cristobal Echevarriarza 3535, Montevideo, Uruguay.
Aguilar, Altea, Taurus, Alfaguara, S. A.
Beazley 3860, 1437, Buenos Aires, Argentina.
Aguilar Chilena de Ediciones Ltda.
Dr. Aníbal Ariztía 1444, Providencia, Santiago de Chile.
Santillana de Costa Rica, S. A.
La Uruca, 100 mts. Oeste de Migración y Extranjería, San José, Costa Rica.

Primera edición: marzo de 2002
Segunda reimpresión: agosto de 2003
ISBN: 968-19-1086-9
Diseño de colección: Ideograma (www.ideograma.com), 2001
D.R. ©Diseño de Cubierta: Antonio Ruano Gómez
Diseño de interiores: Times Editores, S.A. de C.V.
Impreso en México

# Índice

# Dedicatoria

A Rav y Karen Berg, mis maestros y mis padres: nunca podré pagarles todo lo que me han dado. Me han enseñado todo lo que una persona necesita saber a través de sus palabras, sus acciones y, lo más importante, de sus vidas. Todo lo que soy se lo debo a ustedes.

A mi hermano y amigo Yehuda: gracias por tu amistad. Dios quiera que sigamos juntos para seguir revelando esta sabiduría al mundo.

A Mónica, mi esposa y mi amor: eres mucho más de lo que un hombre pudiera desear. Eres mi ideal del amor, la alegría y la realización. Para mí eres el epítome de la belleza física y espiritual. Eres mi compañera y mi mejor amiga. Dios quiera que completemos este viaje juntos.

A nuestro hijo, David: espero saber valorar siempre el gran regalo que eres. Para mí, tú eres Luz pura.

# Agradecimientos

Quisiera agradecer a las muchas personas que hicieron posible este libro:

En primer lugar a mis padres y maestros, Rav y Karen Berg. Uno no podría tener mejores padres y guías. Ustedes han enseñado y guiado a millones de personas, y soy afortunado en ser uno de ellos.

Rabí Simón bar Yochai, Rabí Isaac Luria, Rabí Yisrael Baal Shem Tov, Rav Yehuda Ashlag, Rav Yehuda Brandwein. Este libro es su sabiduría. Espero haberles hecho justicia.

Yehuda Berg, mi hermano, mi amigo, por tus ideas y tu ayuda.

Mi esposa, Mónica, por tu apoyo y amor, y por darme el regalo más grande en nuestro hijo, David.

Don Opper, Mitch Sisskind, Peter Guzzardi y Muriel Nellis, cuya contribución ha sido invaluable para la publicación de este libro.

Tom Miller, mi editor, por sus importantes adiciones y comentarios, ¡que demostraron otra vez que la última milla es la más larga!

Todas las personas del Centro de la Cábala, y los miles de alumnos que han aprendido conmigo y de mí. Ustedes me permiten comprender estos conceptos mejor cada día.

# Introducción

La sabiduría de la Cábala es una tradición de cinco mil años de antigüedad que tiene como propósito terminar con todo el dolor y el sufrimiento del mundo.

Cuando yo tenía seis años mi familia vivía en Jerusalén, para ese entonces mi padre y mi madre habían tomado la decisión de no sólo dedicar sus vidas a seguir las enseñanzas espirituales de la Cábala, sino también de difundirlas por el mundo.

Mi padre, Rav Berg, fue criado en Brooklyn en un medio judío estricto. Después de muchos años de estudio fue ordenado rabino y pasó varios más enseñando en una yashivá en la ciudad de Nueva York. Sin embargo, con el paso del tiempo se sintió cada vez más desilusionado del aislamiento y la estrecha visión de la forma de vida ortodoxa. Más tarde se inició en los negocios, mientras que continuaba siendo observante en su vida personal. Después de muchos años de vivir así viajó a Israel, donde conoció a Rabí Yehuda Brandwein, el líder espiritual del Centro de la Cábala de Jerusalén y uno de los grandes maestros del siglo xx de las enseñanzas espirituales de la Cábala. (Siempre que visito Jerusalén y pienso en la gran alma de Rabí Brandwein,

recibo sabiduría y fuerza para vivir de acuerdo con las enseñanzas de la Cábala.) Gracias a su relación con Rabí Brandwein, mi
padre decidió terminar con su carrera en los negocios y dedicar
su vida a la Cábala. Antes de morir, Rabí Brandwein designó
como su sucesor al frente del Centro de la Cábala a mi padre.

Mi madre, Karen Berg, entró en contacto con la Cábala por
un camino muy distinto. Su familia no había sido observante en
absoluto. Antes de conocer a mi padre llevó la vida normal de
cualquier mujer judía seglar. Sin embargo, fue ella quien sugirió
a mi padre dar a conocer a la humanidad entera la sabiduría
de la Cábala; ya que las antiguas enseñanzas deberían estar a disposición de cualquiera que tuviera el deseo auténtico de aprender, independientemente de su formación, de su identidad
religiosa o de la falta de ella.

Ya desde pequeños, mi hermano y yo supimos que ésta sería
una tarea extraordinaria. La Cábala («recibir» en hebreo) es un
compendio de sabiduría mística que durante mucho tiempo
se ha mantenido en secreto para el mundo. Aunque se trata de
un regalo del Creador a toda la humanidad, la Cábala ha sido
identificada por siglos con la tradición esotérica o secreta del
judaísmo. El acceso a las enseñanzas y los libros cabalísticos ha
sido permitido sólo a eruditos cuya capacidad y conocimientos se
han demostrado a lo largo de los años o incluso de toda su vida.

Estas restricciones se deben a dos causas. La Cábala enseña que la Torá —el conjunto de los primeros cinco libros de la Biblia— fue dada a Moisés por el Creador. La Torá fue dictada literalmente a Moisés en el Monte Sinaí tal como se describe en el Libro del Éxodo. Cada palabra, cada letra de la Torá fue recibida de Dios, pero esto fue sólo el principio de la sabiduría que Moisés recibió en el Monte Sinaí. La Torá —y de hecho toda la Biblia— es en realidad un proyecto, una introducción codificada a un compendio de sabiduría mucho más detallado que también fue entregado por Dios a Moisés. Ésta era la llamada tradición oral, que no debía escribirse nunca para evitar que llegara a manos de quien pudiera hacer mal uso de ella. Aun sin malas intenciones de por medio, las enseñanzas serían peligrosas para aquellos que no estuvieran preparados para recibirlas, del mismo modo que un relámpago es capaz de destruir el transformador eléctrico de una casa.

Mis padres no sólo estudiaban y vivían de acuerdo con las enseñanzas cabalísticas, sino que también se esforzaban en ponerlas a disposición de cualquiera que quisiera aprender. Éste fue el propósito que llenó cada uno de sus momentos y que desde la infancia rodeó la vida de mi hermano y la mía. Nos adherimos a todas las prácticas y rituales contenidos en las enseñanzas, los cuales, como dice la Cábala, son en realidad herramientas para conectarnos con la Luz del Creador y promover la transformación espiritual. También visitamos en Israel muchos lugares importantes desde el punto de vista espiritual, entre ellos, la ciudad de Safed.

Safed fue y es un lugar extraordinario. A lo largo de los siglos ha sido hogar de los más grandes sabios de la Cábala. Ahí las enseñanzas místicas no sólo han sido estudiadas sino también puestas en práctica con el fin de crear una forma de vida auténticamente espiritual. Como me explicaron mis padres, las almas de los maestros cabalísticos habitaban en Safed y el propósito de nuestra visita era conectarnos con ellas. En contraste con nuestra idea ordinaria sobre la muerte, los antiguos sabios no habían «partido» ni habían sido «llevados», para ellos, la muerte no es algo que los separa del mundo, es simplemente como cambiar de una habitación a otra dentro de la misma casa. Sus logros espirituales en la vida fueron tan grandes que se habían acostumbrado a la dimensión espiritual aun cuando sus cuerpos vivían y respiraban en la dimensión física.

En el cementerio de Safed pudimos comunicarnos directamente con los grandes cabalistas y sentir su presencia. Para nosotros como niños, visitar las tumbas de los justos era como estar ante personas grandes y maravillosas que habían decidido salir del mundo cotidiano por un momento. Y lo más importante: podíamos tener la certeza de que algún día estarían otra vez frente a nosotros. De hecho, la resurrección de los muertos y la inmortalidad de los hombres son enseñanzas cabalísticas básicas. Tal como mi padre nos explicó, aquéllas llegarán como resultado de la transformación espiritual de la humanidad.

## El miedo nocturno

Una noche mientras estaba acostado en la cama del motel en el que nos hospedábamos en Safed, un pensamiento angustiante me invadió, las personas todavía tendrían que dejar este mundo. *Todavía tendrían que morir.* El significado de esto me llegó de repente. Algún día mi padre y mi madre ya no estarían presentes físicamente en mi vida. ¡Algún día tendría que despedirme de ellos! Empecé a llorar, corrí a su habitación y me subí a su cama. Mientras tanto seguía pensando: *¡Debe haber alguna manera de detener esto!*

En efecto existe una manera, y el propósito de este libro es que usted la conozca. He llamado a este libro *El camino de la Cábala* —en lugar de *Un camino o Mi Camino*— no por falta de respeto a otros puntos de vista, sino por la responsabilidad de presentar las cosas como yo las entiendo. Yo creo que la Cábala es en realidad el camino para cumplir nuestro destino como seres humanos, y ese destino no es otra cosa que felicidad y realización de un orden completamente distinto a cualquier cosa que hayamos conocido.

No pasa una semana sin que recuerde aquel momento en el motel de Safed. Entonces comprendí los límites de nuestras vidas en este mundo, y la necesidad de poder ir más allá de ellos. Tal vez existió un momento de descubrimiento similar en la vida de usted. Pudo suceder al sufrir una separación o pérdida, después de la muerte de un amigo, un pariente o incluso una mascota. Quizá experimentó la sensación de que algo faltaba en su vida. Como muchas personas, tal vez haya buscado alguna manera de aliviar el dolor. Su búsqueda pudo haberlo llevado a explorar diversos caminos, tradiciones religiosas y espirituales, filosofías minuciosamente elaboradas, causas políticas de izquierda o derecha, y otras vías de escape como las drogas y el alcohol. Finalmente, como muchas personas, quizá decidió simplemente aceptar lo que al parecer no puede cambiarse y continuar su vida con la esperanza de que el dolor de la existencia no lo toque demasiado cerca o demasiado pronto.

## Los beneficios

Esto saca a relucir el tema principal de estas páginas. En mi opinión es un error, aunque un error comprensible, perder contacto con el dolor o incluso con la ira que usted sintió cuando se enfrentó por vez primera al dolor de la vida. Ese momento es una fuente invaluable de energía y anhelo por un cambio positivo. Esté usted consciente o no, también es un lapso de comprensión de la verdadera naturaleza de Dios. Creo desde el fondo de mi corazón que el Creador no nos puso en un mundo de dolor y pérdidas con la intención de que sufrir fuera nuestra condición permanente. En vez de eso hemos recibido las herramientas para alterar nuestro destino de manera fundamental. Sólo necesitamos comprometernos para usarlas.

Las herramientas que usted encontrará en este libro son la sabiduría de la Cábala. Conforme empiece a ponerlas en práctica le aseguro que verá cambios positivos en todas las áreas de su vida. Es crucial que usted comprenda lo que esto significa. Aunque la Cábala tiene el poder de terminar en última instancia con la muerte y el sufrimiento del mundo, los beneficios son mucho más inmediatos. Uno de los principios más interesantes de la Cábala se refiere a la *escala* de las experiencias de nuestra vida. Los momentos más grandes no son necesariamente los que nuestra lógica nos dice que son los más grandes, y quizá nunca sepamos qué acción, aparentemente insignificante, tiene un efecto sobre otra persona o incluso sobre el mundo. Cuando usted comprende esto, toda su experiencia de la vida cambia. Incluso las tareas más mundanas adoptan un nuevo significado, del mismo modo que colocar una pieza pequeña en un rompecabezas puede ser más satisfactorio que colocar una más grande y más obvia.

La Cábala enseña que podemos provocar el fin de cualquier clase de sufrimiento humano —incluso la muerte— y que podemos hallar gran satisfacción y júbilo en nuestras vidas en ese momento.

Conforme lea este libro y continúe su exploración de la Cábala más allá de estas páginas, llegará a entender lo que esto significa en su propia vida. Por ahora, sin embargo, sólo le pediré que lea con mente abierta y que haga un esfuerzo sincero para aplicar en su vida diaria lo que aprenda. Creo que los beneficios hablarán por sí solos.

## Cómo utilizar este libro

Con el fin de utilizar este libro de la manera más efectiva es bueno tener en mente algunas ideas básicas. Recuerde que estos primeros capítulos son el fundamento de todo lo que sigue. Las enseñanzas de la Cábala son muy prácticas, pero la práctica sin comprensión es incompleta. Los capítulos iniciales no sólo tratan teoría metafísica, también presentan el contexto en el que las herramientas de la Cábala pueden ser entendidas y aplicadas de forma efectiva.

Una analogía sencilla puede aclararlo. Imagine que una niña de dos años se encuentra un sacapuntas de plástico, como no tiene idea de para qué sirve ese simpático objeto puede suponer que es para aventar, romper o incluso comer. No sabe qué es un lápiz o cómo se relaciona con la utilidad del sacapuntas, ni puede imaginar el propósito más amplio de escribir en general, sea una novela o una lista de compras. De todos modos la niña puede «usar» el sacapuntas, pero la ausencia de un contexto hace imposible que ella comprenda la finalidad auténtica de la herramienta. Este libro fue escrito no sólo para poner las herramientas de la Cábala al alcance de su mano, sino también para mostrarle cómo deben ser utilizadas y las grandes cosas que se pueden lograr cuando su uso está de acuerdo con la intención del Creador. Este libro no sólo trata sobre la práctica o sobre la comprensión. Trata sobre la naturaleza intrínseca de la sabiduría y la acción, y del propósito último que ambas comparten: la transformación de nuestras almas.

## Preguntas que hay que tener presentes

1. ¿Cuál es el propósito de nuestras vidas?

2. ¿Cuál es el significado, si lo tiene, del dolor y el sufrimiento humano?

3. ¿Qué somos capaces de elegir y qué está más allá de nuestra decisión?

4. ¿Cómo logramos encontrar paz y satisfacción en un mundo que con frecuencia parece caótico y peligroso?

5. ¿Cómo podemos influir positivamente no sólo en nosotros sino también en los demás?

# Parte uno
## El camino de la Cábala

# Capítulo 1
## Alcance la realización

¿Puede cambiar la naturaleza de una persona al leer las palabras impresas en una página? ¿Pueden influir las letras y las palabras tan profundamente en nuestra conciencia que literalmente no seamos la misma persona después de leerlas? Yo creo —yo *sé*— que el material que estamos a punto de explorar puede provocar este efecto. Lo he escuchado una y otra vez, lo he comentado y enseñado en cientos de ocasiones y cada vez descubro algo nuevo.

Permítame hacer algunas observaciones a modo de introducción a este tema. En los últimos años se ha intentado llevar la sabiduría de la Cábala al público en general en varios textos. La gran mayoría han resultado incomprensibles para el grueso de los lectores, por lo que no han provocado un impacto generalizado. Ninguno de estos textos ha abordado los conceptos que vamos a presentar en esta sección, lo cual es inexplicable, pues son enseñanzas cabalísticas esenciales y fáciles de comprender.

Antes de continuar la lectura, piense por qué está viendo esta página en este momento de su vida. ¿Está hojeando libros en una librería durante su hora de comida? Quizás algún amigo le regaló *El camino...*, o está pensando en regalárselo a alguien. Cualquiera que sea la razón aparente, le voy a pedir que se abra a un nuevo punto de vista, a la posibilidad de que éste es el momento exacto en el que usted está preparado para descubrir estas enseñanzas y tomárselas en serio. Se dice que Rabí Isaac Luria, llamado el Ari, o león, estaba tan sintonizado con el estado del alma de las personas que ofrecía la enseñanza precisa que un individuo necesitaba en determinado momento. Conforme lea este capítulo, dése cuenta de que esta habilidad del Ari era una expresión de la inteligencia del universo mismo. Existe un propósito —aunque tal vez oculto— por el que usted está leyendo acerca de la Cábala, tal como existe otro por el que yo estoy escribiendo sobre ella. Creo desde el fondo de mi corazón que las enseñanzas que descubrirá pueden cambiar enormemente —infinitamente— su vida para bien, e impulsarlo a que ayude a otros en la misma dirección.

Para cada uno de nosotros la vida es una búsqueda. Puede parecer que buscamos cosas distintas: algunos riquezas materiales, otros sabiduría, otros más fama y reconocimiento. Pero estos objetivos son en realidad la expresión externa de una necesidad interior de bienestar y júbilo. La Cábala se refiere a esta experiencia como *realización,* una palabra muy significativa.

Aunque muchas personas alcanzan breves momentos de realización en el curso de sus vidas, pocos de nosotros la experimentamos como realidad constante. Está aquí y de repente se va, como la llama de un cerillo que arde un momento y luego se convierte en una pequeña voluta de humo. Por esto, lo que en realidad buscamos no es sólo la realización, sino también la manera de mantenerla constante en nuestras vidas. En el nivel práctico de nuestra experiencia diaria, el propósito de la Cábala es hacer que eso ocurra: que la realización sea perdurable, no sólo para cada individuo sino para el mundo. Las herramientas de la Cábala que se presentan en este libro no necesitan ser comprendidas completamente desde el principio, sino ser aplicadas. Cuando las aplique asegúrese de regresar una y otra vez a los principios que las sostienen, mismos que encontrará en estas páginas. Estas ideas deben replantearse constantemente. Como veremos, la complacencia es uno de los peligros más grandes para el crecimiento auténtico. Si usted siente que ha comprendido completamente los conceptos y que no hay necesidad de revisarlos, tómelo como una señal de que revisarlos es justo lo que debe hacer.

Creo que vale la pena mencionar que yo no he elaborado nada de esto. Más bien tengo el privilegio de haber estudiado la sabiduría de la Cábala que ha evolucionado a lo largo de muchos siglos, y el propósito de este libro es compartir esa sabiduría con usted. Hay muchos libros de espiritualidad que tienen su origen en las experiencias de sus autores y cuyo poder reside en el carisma, la elocuencia o la profundidad de pensamiento de su autor, pero éste no es el caso. Yo me considero una persona razonablemente inteligente y honesta, pero no soy la encarnación de la Cábala. Como la persona que lo está introduciendo a esta sabiduría, trataré de hacerlo lo mejor que pueda, pero lo que en realidad me interesa es que se concentre en lo que digo más que en *cómo* lo digo. Durante las horas que dedique a hojear estas páginas yo seré el medio, el mensaje es mucho más grande. Y creo que usted podrá comprobarlo conforme avance en la lectura del libro.

## El Creador

*Dios* es una palabra que asusta a muchas personas por razones distintas. A lo largo de los siglos, una multitud de emociones y significados han sido atribuidos a la palabra, muchos de ellos negativos. La palabra *Dios* ha sido utilizada para infundir miedo en los niños y para provocar culpa en los adultos, también para justificar agresiones militares y ambiciones políticas. Ha significado la existencia de una entidad poderosa e impredecible que habita en algún lugar al otro lado de una línea divisoria metafísica, un ser sobre el cual es difícil decir algo definitivo excepto que él, ella o ello es muy diferente a usted y a mí. Incluso hemos oído que el temor a Dios es algo bueno, como cuando se dice de una persona que es «temerosa de Dios».

En resumen, *Dios* es una palabra que carga un equipaje muy pesado, y tal vez le sorprenda saber que muy rara vez es utilizada en las enseñanzas cabalísticas. Una razón es la naturaleza imprecisa de la palabra misma. La primera frase de la Torá, por ejemplo, se traduce normalmente así: «Al principio creó Dios los cielos y la tierra». Se ha escrito mucho acerca de esta frase, y yo diré más sobre ella dentro de poco, pero por ahora concentrémonos en la palabra que significa *Dios* en el texto original en hebreo.

La palabra hebrea es *Elohim,* que se refiere específicamente al castigo de Dios, en contraste con la misericordia de Dios o con un sentido más íntegro de Dios como una presencia omnisciente. En general, la Cábala se refiere a Dios como el Creador, o como *ein sof,* que puede traducirse aproximadamente como «el Eterno».

Sumándonos a esta preferencia, raramente mencionaremos la palabra *Dios* en este libro. Usaremos ocasionalmente el pronombre personal «Él» para referirnos al Creador, lo hacemos sólo en aras de la eficiencia gramatical. La Cábala enseña que existe distinción entre las energías masculina y femenina, pero que el Creador trasciende estas categorías de género. «Él» engloba ambas formas de energía. El Creador es una fuerza infinita de energía positiva, sin principio ni fin; es la esencia de la esperanza, paz, satisfacción, misericordia y realización; es la fuente de todo aquello que en la Creación se opone a la confusión y el caos, el sufrimiento y el dolor; es una cantera inagotable de Luz. Una innombrable presencia eterna.

Pero estos son atributos del Creador, del mismo modo que lo son el castigo y la misericordia. Son las *creaciones* del Creador, pero el todo del Creador es incomprensible y está más allá de nuestro entendimiento.

**La energía del Creador está distribuida sutil
y amorosamente en nuestro mundo,
porque la intención más profunda del Creador es compartir con
nosotros la paz, la alegría, la generosidad y el amor.**

La Cábala enseña que esta participación transforma el mundo natural en cosas físicas como manzanas y aviones, y en sentimientos intangibles como el afecto, la lealtad y la amabilidad. A través de estas y otras infinitas variedades de la materia y los sentimientos obtenemos una fugaz mirada —sólo una fugaz mirada— de la naturaleza del Creador.

## La Luz del Creador

La Cábala se refiere a estas manifestaciones como *la Luz del Creador*. La Luz no sólo es perceptible, es algo que encontramos en una u otra forma todos los días. Cuando miramos los ojos de un niño y nos sentimos invadidos por su inocencia y perfección, contactamos un aspecto de la Luz del Creador. Cuando nos sentimos orgullosos por un trabajo bien realizado, cuando tratamos a los demás respetuosamente, cuando nos maravillamos ante la belleza natural o ante una obra de arte hermosamente realizada, estamos ante la presencia de la Luz; por el contrario, la tristeza, la pérdida de la esperanza y la negatividad en nuestra vida son consecuencia de la separación de la Luz. La Cábala nos dice que los sentimientos de paz, alegría y comprensión que obtenemos de experiencias de la Luz en el reino físico son sólo una insinuación de la realización infinita que es la esencia del Creador. Y seamos conscientes o no, la unión con dicha esencia es lo que todos estamos buscando.

Desgraciadamente, el significado de esta unión y de la realización que la acompaña es difícil de entender para la mayoría de las personas. Con frecuencia la realización se mal entiende como dinero, fama, poder y otros atributos tangibles y temporales de la vida diaria. Muchos de nosotros buscamos estas cosas y disfrutamos la emoción y satisfacción que proporcionan.

¿Pero qué pasaría si hubiera una manera de hacer que la realización fuera una presencia permanente, no sólo en su propia vida, sino en la de todo el mundo?

Los principios de la Cábala presentados en este libro garantizan esa realización, sólo necesitan ser aplicados antes de ser comprendidos totalmente. La comprensión racional no es la meta. Lo que cuenta es reflexionar sobre los conceptos y especialmente ponerlos en práctica en el mundo real.

**La Cábala nos proporciona las herramientas
para mantenernos conectados con la Luz del Creador,
y logramos esto sacando la Luz que ya está en nosotros.**

No tenemos que esforzarnos por adquirir algo nuevo. Sólo necesitamos controlar el poder que ya hemos recibido. En realidad este poder, la Luz del Creador, es de lo que estamos hechos, y en el fondo lo *sabemos*. Sentimos que hay algo trascendente en nosotros, y quisiéramos saber como ponernos en contacto con ese algo.

Muchas investigaciones han demostrado que la inmensa mayoría cree en alguna forma de poder más elevado, muchos creen en Dios en un sentido tradicional: Dios es omnipotente y Dios es bueno. ¿Pero cómo es que un Dios omnipotente y benévolo permite que exista el dolor y el sufrimiento que aflige a nuestro mundo, que continúen e incluso se intensifiquen? ¿Es ingenuo decir que esto no tiene sentido? De acuerdo con la Cábala, no es ingenuo en absoluto. Es un descubrimiento de enorme importancia y es también el primer paso para comprender las intenciones auténticas del Creador. Si revelamos la Luz del Creador en nosotros mismos y en el mundo que nos rodea, podemos, en última instancia, hacer realidad esas intenciones. Traer paz, alegría y realización a toda la humanidad.

## El pedregoso camino hacia la transformación

No hace mucho, un alumno del Centro de la Cábala de Los Ángeles, adoptó a un bebé de China. Lori tenía nueve meses de edad cuando sucedió, pero su desarrollo físico era el de un niño por lo menos cuatro meses más joven. Había pasado casi toda su vida acostada en la cuna de un orfanato. No era capaz de sentarse ni de rodar por sí misma. La parte trasera de su cabeza comenzaba a aplanarse debido a la falta de movilidad, y tenía una amplia zona en donde el cabello no crecía.

Cuando llegó a Los Ángeles, Lori pudo ir de un lado a otro por primera vez sin ayuda. Siguiendo las instrucciones del pediatra, sus padres pusieron una sábana en el piso y colocaron cuidadosamente a Lori en el centro. Al principio estaba tan aterrorizada que parecía entrar en una especie de trance por el que escapaba de la confusa situación en la que se encontraba. Si los padres intentaban voltearla o estimularla, Lori lloraba amargamente y regresaba de inmediato a su «zona de comodidad» acostada sobre su espalda. A sus padres les parecía que Lori no progresaba, pero para su desconcierto el médico tenía confianza. No había evidencia de daño neuromuscular subyacente y, como dijo el doctor: «con el tiempo Lori aprenderá a aprender, porque está hecha para eso. También está hecha para que le sea difícil caminar de modo que cuando supere las dificultades será más fuerte».

Aunque al principio las transiciones más pequeñas parecían ser muy dolorosas al poco tiempo, día con día, Lori tuvo progresos. Si lograba voltearse, inmediatamente lloraba de dolor y volvía a rodar sobre su espalda. Pero siempre —a veces después de una hora, y a veces después un día entero— lo intentaba de nuevo. Gradualmente los progresos eran mayores, hasta que al cabo de seis meses, lo que parecía imposible se hizo realidad. Lori se puso al corriente. Pudo hacer todo lo que se espera de un niño de su edad.

¿Por qué Lori simplemente no se dio por vencida cuando sus primeros intentos de crecimiento habían sido tan dolorosos? ¿Por qué no se comportó de acuerdo con el modelo conductista de omisión del dolor? ¿Por qué esta niña, a su nivel, decidió transitar de un modo de existencia a otro? La respuesta, tal como señaló el médico, es que estaba en su naturaleza hacerlo. Las dificultades que experimentó, independientemente de lo dolorosas que pudieran parecer, eran de una naturaleza distinta al objetivo profundamente fijado de aprender a caminar.

En el camino hacia la transformación usted sufrirá este tipo de experiencia. El camino incluye muchos obstáculos, pero cada uno de ellos es una oportunidad de renovar su viaje hacia la alegría y la realización. Es engañoso afirmar que la Cábala es difícil o que exige mucho, ello pone énfasis en el lugar equivocado. *Una vez más, los obstáculos tienen una naturaleza distinta al objetivo.* Cuando usted aprendió a caminar, a hablar, a leer o a andar en bicicleta, ciertamente hubieron errores y rodillas raspadas, tal vez hasta uno o dos huesos rotos, pero estaba en su naturaleza aceptar e incluso buscar esas experiencias como el precio por el cambio positivo y la realización última.

Éste es — y no la pena, el dolor o la muerte— su verdadero destino. Pero usted no es sólo un receptor de esta realización. El Creador pretende que participe de manera consciente para provocarla, a través de la utilización de las herramientas que la Cábala proporciona a la humanidad. Este libro es el instructivo de esas herramientas. Pero aquí no hay salidas rápidas. Como hemos dicho, la transformación no es fácil, ni debe serlo.

Hay un cuento cabalístico que ilustra esto muy bien.

## Logra aquello por lo que estás aquí

Había una vez un gran erudito llamado Rabí Naftali Zvi Yehuda Berlin, a quien se conocía como el Netziv. Tenía muchos alumnos y había escrito docenas de libros. Un día el Netziv habló a sus alumnos de cómo había elegido el camino de su vida, y ésta es la historia que relató:

Cuando tenía diez años era un estudiante mediocre, en clase me hacía el loco, no escuchaba a mis maestros. Me metía en problemas todo el tiempo. Entonces, un día escuché a mi madre llorar cuando hablaba con mi padre, me acerqué sigilosamente a la puerta de su habitación y escuché. Mi madre dijo: «¿Qué vamos a hacer con Naftali? No estudia, está reprobando todas las materias, ya no quieren permitirle regresar a la escuela y sin escuela nunca podrá hacer nada». Yo me quedé impresionado. Me sentí muy mal de haber provocado tanta angustia a mi madre. Regresé a mi cuarto y tomé una decisión: a partir de ese día me concentraría en mis estudios y dejaría de hacerme el loco, escucharía a mis maestros para que mi madre estuviera feliz otra vez. Como pueden ver, continué mis estudios hasta convertirme en erudito; ahora soy maestro, tengo miles de alumnos y he escrito muchos libros.

Con frecuencia me pregunto qué hubiera pasado si no hubiera oído llorar a mi madre aquel día. Estoy seguro de que habría sido una buena persona, del tipo que da limosna y va a la sinagoga regularmente, que reza y estudia un poco y cuida de su familia lo mejor que puede. Hubiera tenido una vida buena y sencilla. Y después de muchos años llegaría la muerte y al estar ante el Creador, Él diría: «muy bien, Rabí Naftali».

¿Rabí? ¿Qué está diciendo? No soy rabino. Soy un buen tipo, una buena persona, pero no un rabino. Tal vez haya un error. Pero antes de corregirlo, Él preguntaría: «¿Dónde están sus alumnos?»

¿Alumnos? ¿Está loco? ¿De dónde voy a sacar alumnos? Soy una persona cualquiera. Una buena persona, ¿pero qué se yo de enseñar? Con trabajos terminé la escuela. Me ha confundido con alguien más. Pero antes de aclarar las cosas el Creador continuaría: «¿Y dónde están todos los libros que has escrito?»

¿Libros? ¿Qué libros? Apenas puedo leer, no digamos escribir. Podía leer las oraciones, ¿pero libros? No; no escribí ningún libro.

Y el Creador estaría decepcionado.

¿Por qué? ¿Por qué decepcionado? Yo había sido una buena persona. Un hombre sencillo, es cierto, pero bueno. No escribí ningún libro, pero tampoco hice mal en el mundo. No tuve alumnos, es cierto, ¿pero no había cuidado de mi familia? ¿No había dado limosna e ido a la sinagoga regularmente y aprendido todas las oraciones? ¿No es eso suficiente? ¿Qué derecho tendría el Creador de sentirse decepcionado de mí?

El Creador tendría derecho de sentirse decepcionado porque si yo no hubiera escuchado a mi madre aquel día no hubiera desarrollado mi potencial. Vivir una vida buena y sencilla —incluso una vida espiritual— no era suficiente. Porque el hecho es que todos nosotros estamos en este mundo para realizar una tarea en particular. Sólo porque una persona vive una vida buena no significa que haya logrado aquello por lo que está en este mundo. Y si no alcanzamos aquello por lo que estamos aquí, decepcionamos al Creador y desperdiciamos nuestras vidas.

Pero, ustedes preguntarán, ¿cómo vamos a saberlo?, ¿cómo vamos a descubrir qué es lo que debemos hacer en este mundo? Somos personas comunes y corrientes. No podemos ver el futuro. No podemos saber lo que el Creador tiene en mente para nosotros.

Y, por supuesto, esto es verdad. Así que la única manera en que podemos lograr lo que venimos a conseguir a este mundo, la única manera en que podemos satisfacer al Creador, es exigirnos hasta el límite de nuestro potencial y nunca sentirnos satisfechos con nuestros logros espirituales. Nuestra tarea en el mundo no es ser una buena persona o una persona espiritual o una persona sabia. No es dar un poco de limosna o ser amable con la gente e ir a la sinagoga. Es lograr nuestro propósito. Y aunque no sepamos exactamente para qué estamos aquí, sí sabemos que sin la exigencia constante de cambiar para bien, sin el empeño para crecer espiritualmente, nunca podremos esperar el desarrollo de nuestro potencial, que es lo que el Creador espera de nosotros.

Esta historia revela la distinción básica entre la Cábala y otras enseñanzas espirituales. La Cábala destaca que los obstáculos y los retos son los señalamientos de nuestro propósito en la vida. Son los peldaños hacia la transformación personal genuina, y a través de nosotros, para la humanidad entera. Para comprender exactamente lo que significa, hay que empezar por el principio, con la enseñanza de la Cábala sobre cómo fue creado el universo.

Como veremos en el siguiente capítulo, la creación no es un hecho que tuvo lugar en algún punto distante del pasado. Es un esfuerzo continuo en el que participamos a cada momento, y el propósito de este libro es ayudarlo a tomar parte en ese proceso con el fin de encontrar la paz, la alegría y la realización suprema.

# Capítulo 2
## La Cábala a través de los siglos

De acuerdo con la enseñanza cabalística, la sabiduría de la Cábala existía antes que el universo físico. Cuando ocurrió la creación, el Creador dio la sabiduría a Adán en el jardín del Edén, que era el paraíso y lo hubiera seguido siendo si Adán y Eva no hubieran pecado. Con respecto al pecado, la Cábala describe con gran detalle lo que ocurrió, tanto desde la perspectiva física como de la espiritual. Por ejemplo, cuando Adán y Eva fueron expulsados del Jardín, el Creador les dijo: «Por cuanto han comido del árbol de que les mandé no comiesen, maldita sea la tierra por su causa: con grandes fatigas sacarán de ella el alimento en todo el discurso de su vida».

Por otra parte, la Cábala nos dice que esto se refiere a un acontecimiento real en la historia de la humanidad: Adán y Eva eran gente real que comieron el fruto de un árbol prohibido. Al mismo tiempo es una alegoría del descenso de la humanidad de un estado inmortal a la vida mortal en el mundo físico. Cuando el Creador dice a Adán que debe labrar la tierra, la Cábala lo interpreta como que debemos sumergirnos en el mundo físico. Debemos realizar acciones concretas para asegurar la supervivencia y la prosperidad no sólo de nuestros cuerpos, sino también de nuestras almas.

## Abraham creó un portal

Los primeros libros de la Biblia describen cómo fue creado el sistema espiritual de la Cábala después de la expulsión del jardín del Edén. Este concepto es fundamental, pero no se refiere a ninguna clase de circuito físico. Más bien que, en el proceso de vivir sus propias vidas, las matriarcas y los patriarcas bíblicos se convirtieran en los conductores a través de los cuales nosotros podemos acercarnos al Creador y establecer contacto con su sabiduría y su amor.

**Los cabalistas dicen que el patriarca Abraham «abrió» las cualidades de la misericordia y la bondad. Él creó un portal, como una línea telefónica abierta, que nos permite conectarnos con la sabiduría divina.**

Para un cabalista, Abraham, Isaac, Jacob, Raquel y Leah no son personajes literarios, son personas reales cuyas vidas están registradas en la Biblia por sus logros espirituales, ellos representan cualidades y características a las que todos podemos aspirar. Fueron ellos quienes crearon los medios por los que nosotros podemos alcanzar la realización última. De hecho, están a nuestro alcance a modo de fuentes de energía espiritual que nos ayudan a enfrentar los retos y obstáculos de nuestras vidas.

**A través de la oración, la meditación y el vivir de
acuerdo con los principios cabalísticos, podemos mantener una línea
abierta de comunicación con la dimensión espiritual de la realidad a la
que los cabalistas llaman los Mundos Superiores.**

Aunque éste no es necesariamente un concepto fácil de entender, es muy importante. Su significado le será más claro conforme lea este libro y explore las grandes enseñanzas cabalísticas del pasado.

## Los poderes de las letras

El primer texto cabalístico fue un pequeño libro titulado *Sefer Yetzirah* —en español, *El libro de la formación*— escrito por el patriarca Abraham hace aproximadamente cuatro mil años. *El libro de la formación* presenta una detallada explicación de los poderes místicos del alfabeto hebreo, cuyas letras fueron utilizadas por el Creador en muchas combinaciones distintas para dar forma al universo físico. Del mismo modo que la ciencia moderna se refiere a los átomos como la materia prima energética de la realidad física, *El libro de la formación* dice que las letras hebreas son el fundamento del sol, la luna y las estrellas. Incluso las cosas intangibles como el amor, la misericordia y el tiempo derivan de las veintidós letras del alfabeto hebreo. Cada letra posee una energía específica y cada una representa un aspecto particular del Creador.

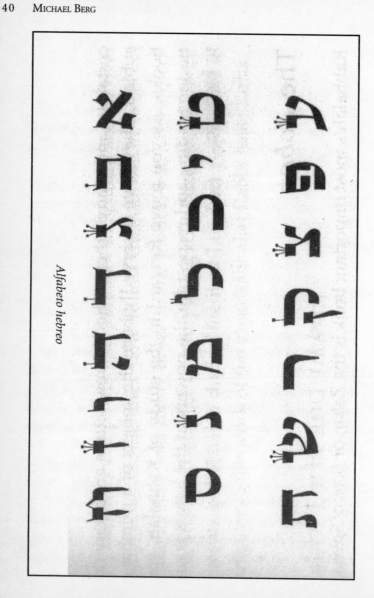

*Alfabeto hebreo*

Las letras se muestran aquí tal como aparecen en un pergamino preciosamente manuscrito de la Torá. Desde el punto de vista cabalístico, ésta es la forma auténtica del alfabeto. Un análisis detallado revela que muchas de las letras se forman sobre el diseño de las anteriores. En hebreo, al lenguaje se le llama *evrit*, palabra que deriva del verbo *lavir*, «transferir» o «pasar», y las letras son el medio a través del cual la energía divina pasa al mundo físico.

La Cábala enseña que las letras son mucho más que símbolos visuales que corresponden a sonidos específicos. Tal como los elementos atómicos de la tabla periódica, son las configuraciones fundamentales de energía que forman el mundo. Las propiedades y poderes de cada letra son tan distintos como lo es el hidrógeno del uranio, y cada una posee su uso y beneficio específico. Pronunciar las letras, o incluso sólo observarlas, provoca una resonancia en los niveles más profundos de nuestro ser.

Una poderosa serie de secuencias de tres letras conocida como los 72 Nombres de Dios ha sido utilizada durante siglos para establecer contacto con manifestaciones específicas de energía positiva tales como la salud, la prosperidad, la seguridad y muchas más. El alfabeto hebreo es una materia muy amplia, merecidamente ha sido el tema de muchos libros. Conforme avance en el estudio de la Cábala, seguramente aumentará su comprensión y respeto por los poderes de las letras.

## El *Zohar*

El libro más importante de la Cábala es el *Zohar*, o *Libro de los esplendores*. Fue escrito en arameo hace dos mil años por Rabí

Simón ben Yohai. Se dice que Rabí Simón recibió el texto del mismo Moisés, tal como éste recibió las Tablas de la Ley directamente del Creador. A lo largo de miles de páginas el Zohar presenta diálogos entre maestros y alumnos relacionados con incidentes de la Biblia y otros temas espirituales.

La estructura del Zohar es extremadamente difusa y difícil de comprender. Los temas que se presentan en un momento pueden desaparecer por largos tramos antes de reaparecer. Quizás por la dificultad del texto y por los poderes que se dice residen en él, el acceso al Zohar frecuentemente fue restringido. Durante siglos sólo los eruditos varones y casados de más de cuarenta años de edad estuvieron autorizados para leer el Zohar. Ahora, el Zohar completo ha sido traducido al inglés por el Centro de la Cábala, y la Luz que reside en este texto sagrado está disponible para todos.

Un momento crucial en la historia de la Cábala ocurrió a finales del siglo XV. Debido al surgimiento de un catolicismo fanático en la Península Ibérica, un edicto del rey Fernando y la reina Isabel hizo expulsar a todos los judíos de España en 1492. A pesar de haber logrado poder e influencia en la sociedad española durante varias generaciones, los judíos se vieron en el exilio, igual que muchas otras veces en la época bíblica. Esta experiencia, y el reto de interpretarla, es fundamental para el desarrollo de la Cábala durante los siguientes cien años, y en particular para el trabajo del gran cabalista Rabí Isaac Luria.

## Rabí Luria y la *tikkun*

Nacido en Jerusalén en 1534, Rabí Luria vivió en la época en que la vida judía fue desestabilizada en sus cimientos por la expulsión española y por la sensación de ruptura y pérdida que la acompañó. Empezó sus estudios espirituales a los veintitantos años. Después de años de reclusión estudiando el Zohar, una visión del profeta Elías le ordenó dirigirse al pueblo de Safed en Galilea, donde una comunidad intensamente espiritual se había formado alrededor de los cabalistas Rabí Moisés Cordovero y Rabí Joseph Karo. Ahí los preceptos cabalísticos no sólo eran estudiados sino también puestos en práctica proactiva en todas las áreas de la vida. Los *Trece principios* de Rabí Cordovero ordenaban amar a todos los seres, incluso aquellos que nos martirizan; compartir todo lo que tenemos y abstenerse de juzgar bajo cualquier circunstancia.

En Safed, Rabí Luria fue reconocido rápidamente como un maestro espiritual y asumió el liderazgo de un grupo de alumnos conocido como los Cachorros, por deferencia a la designación del propio Rabí Luria de el Ari, o león. Aunque Rabí Luria no escribió nada, sus enseñanzas fueron transcritas por el cabalista Rabí Chaim Vital. Rabí Luria vivió sólo tres años más después de su llegada a Safed, pero sus ideas son un elemento fundamental en la sabiduría de la Cábala y en la herencia espiritual de la raza humana.

En concreto, Rabí Luria proporcionó una nueva perspectiva sobre el Zohar al organizar los temas presentados en distintas partes del texto. También desarrolló el concepto de *tikkun* —normalmente traducido como *reparación* o *enmienda*— que trata del propósito de la vida, de la presencia del dolor y el sufrimiento, y de la transformación última de toda la humanidad.

## Abrirse a la Luz

Un tema generalizado en la historia de la Cábala es su progresión, desde la inaccesibilidad y la prohibición hasta la disponibilidad para la humanidad como un todo. El trabajo realizado por Rabí Luria de sistematización del contenido del Zohar fue un paso en esta dirección. Otro más fue dado casi doscientos años después por Israel ben Eliezer (1700-1760, también conocido como el Baal Shem Tov o Maestro del Nombre Divino).

Baal Shem Tov, que vivió en Europa Central en la época en que los estudios de la Torá estaban dominados por intrincadas erudiciones y complejos razonamientos, revivió una relación muy emocional e intuitiva con el Creador. Su historia personal parece una de las historias del Zohar, en las que humildes mendigos y artesanos se convierten súbitamente en sabios iluminados. Ciertamente él era muy diferente a Rabí Luria, que fue reconocido desde el principio como un intelecto brillante. Durante la primera parte de su vida se pensó que el Baal Shem era un tonto de buen corazón pero ignorante. Realizaba tareas de ínfima categoría en la sinagoga de su pueblo al norte de Polonia. Entonces, un día, para sorpresa de todos, un rabino enormemente reconocido anunció su intención de convertirse en discípulo del humilde mozo de la sinagoga. No hace falta decir que esto causó gran polémica. El Baal Shem Tov pronto tuvo un numeroso grupo de alumnos, así como adversarios que creían que estaba vulgarizando las enseñanzas sagradas. En contraste con los complejos discursos místicos de Rabí Luria y los demás cabalistas de Safed, el Baal Shem Tov presentaba sus enseñanzas a través de historias y parábolas de sencilla elegancia. Con esto hacía a la Cábala accesible a cualquiera que quisiera escuchar y aprender. A lo largo de este libro recurriremos constantemente a los cuentos del Baal Shem Tov.

Rabí Yehuda Ashlag (1886-1955) siguió por el mismo camino. Entre sus muchos escritos se encuentra una traducción completa del Zohar del arameo al hebreo moderno, junto con detallados comentarios sobre el texto. Rabí Ashlag nació en Europa pero vivió la mayor parte de su vida adulta en Jerusalén, donde fundó el Centro de la Cábala en 1922. Su obra fue continuada por su alumno Rabí Yehuda Brandwein (1903-1969) y finalmente llevada a buen término por mis padres, Rav Berg y Karen Berg. Bajo su liderazgo se han establecido Centros de la Cábala por todo el mundo. El propósito de estos Centros no sólo es llevar la sabiduría de la Cábala a todos los que tengan el deseo de aprender, sino también para poner en práctica este conocimiento en todas las áreas de la vida.

La historia de la Cábala es la de una revelación gradual de enseñanzas a un número siempre creciente de personas. Lo que empezó como una tradición de conocimiento transmitido «oralmente», ha alcanzado su plenitud en un movimiento que pretende llevar el conocimiento a las personas comunes y corrientes de todo el mundo. Esto no es de ninguna manera un accidente ni una coincidencia. Como veremos en los capítulos siguientes, la creciente difusión de la sabiduría de la Cábala es parte de un proceso que ha estado en marcha desde el principio de los tiempos.

## Cábala avanzada

Con frecuencia los nuevos estudiantes de la Cábala poseen una buena educación y mente inquisitiva. Para ellos, el elemento intelectual de la Cábala puede resultar muy atractivo. Es bien sabido que muchos de los grandes pensadores han explorado esta tradición. Las similitudes entre las ideas cabalísticas y la vanguardia científica se hacen evidentes rápidamente. Cuando los estudiantes abren el Zohar por vez primera pueden sentir que están entrando en un universo alterno de conocimiento arcano. Las complicaciones, paradojas e incluso dificultades que perciben pueden ser parte de la atracción.

Es cierto que el estudio cabalístico puede representar un desafío intelectual, pero la Cábala no es matemática superior. No se trata sólo de un sistema internamente coherente y autorreferencial cuya complejidad en sí sea su única justificación para existir. A las personas muy inteligentes les gusta utilizar su mente del mismo modo que a los atletas les gusta ejercitar sus cuerpos, pero para comprender la Cábala debemos cuidarnos de que ello no se convierta en un fin en sí mismo.

Los peligros de esto se hacen evidentes en gran parte del material sobre la Cábala que hay actualmente en el mercado. La mayoría de los libros sobre el tema resultan extremadamente complejos, cuando no, totalmente ininteligibles. La causa es el deseo de realizar malabarismos intelectuales que parecen afectar a quienes escriben sobre el tema, particularmente a aquellos que han descubierto la Cábala recientemente.

Esto no significa que autoridades seculares serias no estén familiarizadas con las enseñanzas. Gershom Scholem, por ejemplo, tenía un conocimiento enorme de la tradición desde una perspectiva académica. Sin embargo, después de leer sólo unas cuantas páginas de un libro académico sobre la Cábala, fácilmente nos podemos encontrar en medio de una disertación laberíntica sobre el *sefirot*, el *Shekinah* y el *Shulchan Arukh*. Esto es conocimiento cabalístico, pero no sabiduría cabalística. De hecho, esas divagaciones pueden alejar al lector más que acercarlo a la sabiduría del Creador. Esta sabiduría, nos dicen los eruditos, es el poder de «ver el final en el comienzo», de reconocer el árbol completamente desarrollado en la semilla recién plantada, y lo más importante, expresar esa visión como acción en el mundo físico. En el Centro de la Cábala presentamos a la Cábala como un sistema profundamente espiritual pero *práctico* para que usted mejore su vida en todas las áreas, junto con la conciencia de que su transformación personal acelerará la unión de toda la humanidad con Dios. Nuestra intención es hacer a la Cábala accesible, no inescrutable, especialmente cuando tantos escritores han elegido lo último.

Al mismo tiempo reconozco que la Cábala está hecha para atraer tanto a la mente como al corazón. Aquellos que descubren nuevas analogías, ocultos paralelismos y agudas interpretaciones en el Zohar, seguramente alegran al Creador. Pero sin propugnar de ninguna manera un cerrado antintelectualismo en la presentación que se hace de la Cábala en *El camino*, yo invocaría la observación de Shakespeare en el sentido de que a la verdad llana frecuentemente se le confunde con ingenuidad. La Cábala no debe ser nunca presentada como un acertijo intelectual. El pensamiento debe relacionarse siempre con el sentimiento, y éste con una acción positiva en el momento, dondequiera y con quienquiera que usted se encuentre.

La historia que sigue ha sido contada muchas veces, pero es tan impactante e instructiva que vale la pena repetirla una vez más. De hecho, ningún libro sobre la Cábala está completo sin ella.

En la época del Imperio Romano, un alumno le preguntó al gran sabio Hillel si podía enseñar toda la sabiduría del universo parado en un solo pie. No se sabe en cuál pie decidió pararse, pero lo que respondió Hillel ha llegado a nosotros a través de los siglos. «Ama a tu prójimo como a ti mismo», dijo al alumno. «El resto son sólo comentarios».

Existen muchos comentarios, pero con el debido respeto, no quiero que este libro sea uno más. «Ama a tu prójimo» es el secreto de vivir de acuerdo con la Cábala, y es también el mensaje de este libro.

# Capítulo 3
## La Luz y la Vasija

Todas las culturas tienen relatos sobre la creación, la mayoría de los cuales se han mantenido sin cambio desde el principio. Éste no es el caso con la visión de la Cábala sobre la creación, la cual ha seguido desarrollándose y evolucionando. Algunos elementos del material que estamos a punto de abordar son muy antiguos, pero en los últimos cien años se han logrado grandes avances. El Zohar, por ejemplo, fue escrito hace casi dos mil años, pero su relato de la creación no puede comprenderse totalmente sin el comentario de Rabí Ashlag en *Las diez emanaciones luminosas*, escrito en la tercera década del siglo XX.

La naturaleza ininterrumpida del relato de la Cábala sobre la creación es perfectamente coherente con el contenido del relato mismo.

**La Cábala enseña que el universo no es un «producto terminado», y que su construcción se está llevando a cabo incluso en este preciso instante. Conjuntamente con el Creador todos lo estamos construyendo.**

El mundo, por tanto, no es algo que nos ocurra. *Es algo que nosotros hacemos que ocurra.* Justo ahora, se dé cuenta o no, usted está construyendo el ambiente que define cada aspecto de su vida. Como cualquier proyecto de construcción, es mucho más fácil realizarlo con las herramientas adecuadas que sin ellas. Ésta es la razón por la que las herramientas espirituales de la Cábala son absolutamente necesarias.

En este capítulo analizaremos el relato de la creación desde tres puntos de vista:

1. Primero, como un proceso metafísico que describe y explica la existencia del mundo físico.

2. Luego, como una expresión de la experiencia histórica de la humanidad como un todo.

3. Finalmente, como un paradigma del viaje interno que cada alma realiza en el curso de una vida.

## La Luz y la Vasija
## La metafísica de la creación

Al comienzo del segundo milenio el promedio de vida de una persona normal es de más de setenta años, aproximadamente unos treinta mil días. Lo admitamos o no, la mayoría de esos días no son particularmente memorables. Días, semanas e incluso meses pueden correr de forma rutinaria hasta que ocurre algo que en verdad sale de lo ordinario, algo que hace que cierto día o cierto instante quede grabado para siempre en nuestra memoria. Puede tratarse de un momento de crisis personal, como un accidente o una emergencia familiar, o de una ocasión de felicidad inolvidable. Si en este instante tuviera que buscar en su memoria los momentos más dichosos de su vida, ¿cuáles serían? Para muchas personas es el nacimiento de un hijo o una celebración familiar, tal como una graduación o una boda. Los detalles pueden variar, y yo no tengo manera de conocer los pormenores de sus momentos más felices, pero desde una perspectiva cabalística puedo hablar con bastante seguridad acerca de ellos.

En primer lugar, independientemente de lo que haya pensado en el momento, la fuente auténtica de su felicidad residía fuera del reino de los objetos tangibles o las sensaciones físicas. Éstas fueron esenciales para la experiencia sólo porque encendieron un tipo singular de chispa en algún lugar del fondo de su conciencia. Si realizó una anotación de último minuto en un partido de basketball, lo que lo hizo tan feliz no fue el proceso visual de ver a la pelota atravesar la red. Después de todo, los jugadores del otro equipo vieron lo mismo y no les hizo ninguna gracia.

La verdad es que los momentos más maravillosos de nuestra vida —la Cábala los llama momentos de realización— tienen antecedentes físicos, pero son en realidad experiencias que tienen lugar dentro de nuestros corazones y nuestras almas.

Mi segunda observación sobre los momentos más felices de su vida es en realidad una poderosa lección cabalística. La Cábala nos dice que nuestros momentos más felices ocurren por una razón muy específica: su intención es ofrecernos una probada de lo que es la verdadera felicidad. Son ventanas microscópicas que dejan entrever la experiencia auténtica de la realización espiritual.

Entonces, si los momentos más maravillosos de su vida sólo fueron una mínima parte de la verdadera realización, sin duda querrá saber cómo alcanzarla. Querrá poder sentirse realizado plenamente, saber cómo experimentar *cada minuto del día* en un nivel exponencialmente más alto que la felicidad que ha conocido.

¿Es esto posible? Bueno, sí. Pero para entender cómo, debemos dar un paso atrás. Ciertamente es un gran paso, pues nos remite antes de los albores de la creación.

## La Luz

La Biblia comienza con la famosa frase: «Al principio», pero la Cábala nos dice que antes del principio ocurrieron muchas cosas. Antes de la creación del tiempo y el espacio existía una energía positiva infinita, la fuente de todo lo que «es», «fue» y «será». Como no existía el espacio tal como lo entendemos, sería erróneo decir que la energía estaba en todas partes, pero se puede decir que *no había donde no estuviera*.

La palabra hebrea para designar esta energía es *Or*, que puede traducirse como Luz. Pero la Luz del Creador es mucho más que cualquier cosa que podamos asociar con un foco eléctrico, un relámpago o cualquier forma de luz en el mundo físico.

**En términos cabalísticos, Luz es una palabra en clave
que designa una radiación de amor divino que todo lo abarca.**

Así como la luz solar incluye todos los colores del espectro, la
Luz del Creador incluye todo lo que en realidad queremos y
necesitamos. No sólo los objetos tangibles, sino también
cualidades emocionales y espirituales como el amor, la felicidad,
la confianza y la belleza. Así como es imposible describir al
Creador, la Luz es una fuente de realización completa y permanente que no puede expresarse con palabras. Ésta es la Luz
de la realización que usted apenas ha visto en los momentos
más felices de su vida.

**De todos los atributos del Creador que engloba la Luz,
el esencial y más característico es el deseo infinito e inagotable de
darse y compartirse a sí mismo.**

El deseo de compartir es el atributo fundamental del Creador,
así como la verdadera razón de la creación del universo. Como
escribió el gran cabalista Rabí Moshe Chaim Luzzatto (1707-
1747) en *El camino de Dios*: «El propósito de la creación fue
crear un ser que pudiera obtener placer a partir de la bondad

de Dios». ¡Qué declaración tan asombrosa! Significa que todo fue creado para que nosotros lo disfrutáramos. Muchas guerras, persecuciones y genocidios han sido perpetrados sobre la humanidad a lo largo de los siglos por ser, supuestamente, la voluntad de Dios. ¡Y sin embargo la Cábala nos dice que la voluntad de Dios es que hallemos placer en su creación! Ésta es la razón por la que estamos aquí. El deseo del Creador de compartir, fue el auténtico motivo de la creación.

## La Vasija

La intención de compartir suponía la creación de algo *que sirviera para ello*, una entidad receptora que contuviera la Luz. La Cábala denomina a dicha entidad como la *Vasija*. Las enseñanzas cabalísticas destacan que, como la Luz lo inundaba todo, la Vasija se formó de la Luz misma, transformándose en energía *receptiva,* que no sólo fue la primera sino también la única creación *ex nihilo* que ha ocurrido. En otras palabras, la Vasija incorporó una esencia que complementaba la naturaleza participadora del Creador. Por voluntad del Creador, la Vasija nació instantáneamente. No existe tiempo entre las intenciones del Creador y su realización. De hecho, los acontecimientos primigenios de los que estamos hablando tuvieron lugar antes de que existieran el tiempo y el espacio.

## La explosión

La naturaleza dual de la Vasija —formada de la Luz, pero con una esencia receptora— se amplificó a sí misma conforme continuó el proceso de la creación. Conforme la Vasija siguió recibiendo la Luz, su energía receptora buscó unirse a la esencia participadora de la Luz. Es como cuando se vierte un líquido caliente a un vaso: la temperatura de éste empieza a elevarse gradualmente para adecuarse a la característica esencial de la sustancia que está recibiendo. Si por un momento pudiéramos atribuir características humanas a la Vasija, diríamos que ésta quiere expresar la cualidades del Creador, parecérsele más, *ser uno* con Él, que todo lo da. Eso no lo podía lograr mientras sólo fuera capaz de recibir y no de dar.

Así que la Vasija arremetió contra la Luz y la Luz se retiró. En hebreo, a este acontecimiento se le conoce como el *tsimtsum*, que tiene connotaciones tanto de restricción como de obstaculización. Cuando la Luz y la Vasija se separaron, ésta se convirtió en un punto de completa oscuridad, y el resultado fue un vacío que exige ser llenado. En un instante la Vasija experimentó una indescriptible sensación de alejamiento de la Luz nutriente del Creador. Después de querer que la Luz se retirara, ahora la Vasija la necesitaba de vuelta. Y la Luz regresó. Regresó a la Vasija a toda velocidad, con toda su fuerza.

Aun así, la dualidad de la Vasija perduró lo mismo que la paradoja no resuelta de su naturaleza receptora esencial y su deseo de tomar parte en la naturaleza participadora del Creador. El efecto de esta dualidad fue intensificado por la reaparición súbita y abrumadora de la Luz. La Vasija deseaba el regreso de la Luz, pero no estaba preparada para tolerarlo. En un instante infinitamente breve, la Vasija recibió toda la fuerza de la Luz, dando como resultado la enseñanza cabalística. En ese momento la Vasija se hizo añicos. Estalló en un número infinito de fragmentos que se convirtieron en nuestro universo.

Un aspecto fascinante de la Cábala es el grado en que la explosión de la Vasija coincide con la teoría de la creación del Big Bang, la cual es aceptada casi universalmente por la ciencia moderna. De acuerdo con esta teoría, el universo nació cuando una entidad infinitamente densa —se piensa que del tamaño de una moneda— explotó con inaudita fuerza. Esto parece muy simple, pero es una idea mucho más complicada de lo que parece. Tendemos a pensar, por ejemplo, que la pequeña entidad primigenia explotó en el espacio; sin embargo, no existía el espacio antes de la explosión. Tanto el espacio como la materia explotaron de la entidad. Aunque la materia es tangible y el espacio y el tiempo no, los tres nacieron en el mismo instante. Los tres son restos del Big Bang. Es crucial comprender esto, pues ello nos permite ver que nuestra conciencia deriva de la Vasija fragmentada tanto como nuestro ser físico. Tal como el espacio y el tiempo, la conciencia no puede verse ni tocarse, pero la Cábala enseña que contiene los mismos elementos esenciales que nuestros cuerpos o que la silla que está al otro lado del cuarto. Es producto de la interacción entre la Luz y la Vasija, y de la dualidad de dar y recibir que provocó que la Vasija se hiciera pedazos.

¡Qué acontecimiento tan extraordinario han descrito aquí los cabalistas! Es la transformación de la energía espiritual en realidad material, pero eso es sólo el principio. Recuerde: la

Vasija aspiraba a la Unidad con el Creador. Su intención era transformar su esencia de recibir sólo para ella, a dar y compartir de manera totalmente desinteresada. El proceso comenzó en el momento de restricción cuando la Vasija «arremetió» y dejó de recibir la Luz.

**Y el proceso continúa en este momento porque la intención de la Vasija no fue satisfecha, y nosotros somos fragmentos de ella en el mundo físico.**

Repito, cada aspecto de nuestro ser continúa expresando la lucha de la Vasija por resolver su naturaleza dual. Cada célula encarna esta paradoja. Cada acción es una manifestación de ella. Cada pensamiento y cada sentimiento la reflejan.

## Reconectarnos con la Luz

¿Cuál es la solución entonces? ¿Cómo podemos resolver esta íntima dualidad? ¿Cómo podemos convertir nuestra experiencia básicamente conflictiva de la vida en la realización pura de la que hablamos al principio de este capítulo? En una palabra, la respuesta es *transformación*. ¿Pero qué significa esto en realidad? Por favor lea muy cuidadosamente las líneas que siguen, porque el resto del libro será útil sólo si ha comprendido perfectamente estas ideas.

הי

La Cábala enseña que transformación significa convertirse
en un ser que da y comparte. Esto representa algo más que
la acción de compartir. Significa reconectarnos con la Luz, hacerse uno
con el Creador, y hacer de nuestra esencia
y la esencia del Creador una y la misma cosa.

¿Y cómo se logra esto? Para decirlo claramente, usando las herramientas y enseñanzas de la Cábala que se presentan en estas
páginas, siempre entretejidas con la sincera intención de convertirse en un ser que comparte y desea alcanzar la unidad con
el Creador.

Estas ideas, estoy convencido, conforman un modelo totalmente distinto de vivir nuestras vidas. La sociedad en su
conjunto sustenta la idea de que *obtener* es el fundamento de la
felicidad. Es un mensaje que recibimos cientos de veces todos
los días: *obtener* un salario más alto, *obtener* una buena educación, *obtener* la mejor tasa de interés, *obtener* el sentimiento de
que somos amados, valorados y apreciados en el hogar y el
trabajo. Pero la Cábala nos dice que esto es una ilusión. Lo que
en realidad queremos y necesitamos no son ni bienes materiales,
ni más emociones, ni más placer sexual. No hay razón para me-
nospreciar estas cosas, pero son superficiales en comparación
con el deseo más profundo y auténtico de realización, que
deriva de estar conectado con la Luz.

Pero así como tenemos el poder de conectarnos con la Luz,
también podemos desconectarnos. Así como podemos alcanzar

la unidad con el Creador, también podemos distanciarnos de
Él. Así como dar y compartir es la esencia de la naturaleza del
Creador y la fuente de todo lo bueno que hay en el mundo, todo el caos, el dolor, el sufrimiento e incluso la muerte tienen
también un origen común. De acuerdo con la enseñanza cabalística, el origen de toda negatividad es el *deseo de recibir sólo para
nosotros*. Este deseo egoísta, en cualquiera de sus incontables
manifestaciones, corta nuestra conexión con la Luz, nos distancia del Creador y hace que la realización auténtica sea imposible. En la misma medida en que estemos conectados a este
deseo, estaremos desconectados de la esencia del Creador.

Y sin embargo, el deseo de recibir sólo para nosotros es
inherente a nuestra naturaleza humana. ¡El cuerpo humano
mismo es una expresión pura de él! Aunque han existido personas con la capacidad de trascender los parámetros de la condición humana, la mayoría de nosotros es incapaz de extinguir
el deseo *per se* de nuestra experiencia diaria, ni la Cábala nos
pide que lo hagamos.

**La Cábala nos enseña y nos da el poder de integrar
los aspectos duales de nuestro ser heredados por la Vasija
primigenia, transformando
el deseo de recibir sólo para nosotros, en el deseo
de recibir para compartir.**

Estas ideas pueden parecer complicadas al principio, pero se presentan de manera evidente todos los días. Por ahora, con el fin de aclarar la distinción crucial entre recibir para uno mismo y recibir para compartir, piense otra vez en el ejemplo del agua y el vaso.

Si el agua sigue cayendo, el vaso finalmente se desbordará, incluso puede romperse si el agua llega con suficiente fuerza. Pero si el vaso está conectado con otros más, y lo que recibe lo comparte en vez de retenerlo, se crea un circuito que satisface las necesidades de todos sus componentes.

Si trasladamos la metáfora del vaso a nuestras vidas en el mundo real podemos alcanzar la unidad con la naturaleza participadora del Creador, al mismo tiempo que la intención del Creador de darnos infinitamente también es satisfecha.

## Los cuatro principios básicos del Camino

1. Nuestro deseo y necesidad más profunda es alcanzar la realización que resulta de la unión con el Creador. Esto es lo que en realidad buscamos cuando experimentamos placer en cualquiera de sus formas.

2. La realización auténtica, nos dice la Cábala, resulta de la *transformación*, esto es, de la conexión con la Luz del Creador, de hacer de nuestra naturaleza y de su naturaleza una misma de compartir y dar.

3. Lo más importante: lograr la transformación significa convertirse en un *ser que da*. Observe que esto se refiere a una condición interna más que a una actividad o acción física. Significa

utilizar las herramientas y enseñanzas de la Cábala con la sincera intención de transformarse.

4. El deseo de recibir sólo para nosotros corta nuestra conexión con la Luz del Creador y hace que la realización auténtica sea imposible. Sin embargo, el deseo egoísta está inscrito en nuestra condición humana. La respuesta no reside en deshacernos de los deseos, sino en *transformar el deseo egoísta en deseo de recibir para compartir.*

## Por nuestro propio bien

Cuando presento estas ideas a nuevos estudiantes de la Cábala observo varias respuestas muy comunes. Muchas personas quedan impresionadas por la nobleza que perciben en la idea de recibir para dar, y como corolario de esto a veces sienten que deben iniciar inmediatamente una vida «santa» que puede implicar deshacerse de todas sus posesiones o algún otro equivalente como acostarse en una cama de clavos. Ambas reacciones son bien intencionadas, pero erróneas. En primer lugar, la Cábala no se refiere al altruismo, la caridad o la nobleza en el significado esctricto de las palabras.

**La transformación espiritual es por nuestro propio bien,
y así debemos asumirla.**

Es cierto que si nosotros cambiamos, aceleramos el cambio positivo en los demás, en última instancia esto también nos beneficia. La Cábala enseña que cuando un número suficiente de personas haya logrado la transformación se alcanzará una especie de masa crítica y se logrará la redención del mundo. Habremos completado por fin el proceso de creación que se inició en el jardín del Edén, que fue corrompido por el pecado de Adán y que ha sido la meta de la humanidad desde entonces. Nos habremos liberado del dolor, el sufrimiento y la muerte, que es lo que el Creador quiere para nosotros. Esto, en términos cabalísticos significa la llegada del Mesías, ¿y no es por nuestro propio bien?

El precipitado impulso de «empezar a dar como un loco» requiere mayor explicación. Para quienes se inician en el estudio de la Cábala lo correcto es decir que la transformación se refiere más a un crecimiento interno que a una acción externa. Repetimos, la base de la transformación es convertirse en un *ser que da*. Hasta que hayamos logrado esto, cualquier cosa que hagamos en el mundo físico será más o menos irrelevante desde un punto de vista espiritual. Por otra parte, una vez que hayamos completado nuestra tarea interna, *todas* nuestras acciones serán expresión de nuestra conexión con la Luz.

Recuerde: la Vasija primigenia se hizo añicos cuando recibió más Luz de la que estaba preparada para recibir.

Un principio de la Cábala establece: *En la espiritualidad no puede haber coacción.* Nadie, ni siquiera el Creador, puede imponer la Luz a una Vasija que no esté preparada para recibirla. En contraste, la Luz siempre está disponible para nosotros una vez que *estamos* preparados.

Debemos preparar nuestro ser interno
—a través del compartir, del estudio, la oración
y las demás herramientas de la Cábala—
para que las acciones físicas sean congruentes
con el estado de nuestras almas.

## La intención de compartir

Todo lo que hacemos en el mundo —sea estudiar los textos sagrados o ayudar a los pobres— debe estar inspirado por el anhelo de alcanzar la transformación y la realización. Esto es lo que define a una persona verdaderamente espiritual y es la medida con la cual deben valorarse sus acciones.

Imagine que un famoso cirujano va a un recital de piano y queda profundamente conmovido. Al día siguiente decide intentar tocar el piano. Lo ha disfrutado e incluso sospecha que podría tener talento para ello. Se pone en contacto con un maestro y programa una clase. Al finalizar, el maestro felicita al cirujano y le dice que ha sido una buena elección estudiar este instrumento. Emocionado e inspirado por el comentario, el cirujano concierta varias clases más.

Todo esto es muy positivo —tocar el piano es algo bueno— pero imagine que este nuevo interés empieza a distraer al cirujano de su práctica. Si reduce el número de pacientes que atiende con tal de asistir a sus clases, estará sacrificando su mayor don por uno de menor valía. Estará limitando la obra de su vida —ayudar a los demás— por algo que, al menos para él, es una diversión.

**No hay nada malo en buscar el desarrollo personal,
pero la Cábala enseña que la búsqueda más elevada
es la de la transformación, la cual convierte el deseo de recibir sólo
para nosotros en el deseo de recibir para dar.**

Cualquier acto realizado con esta intención es meritorio. Sin ella, incluso las «buenas obras» carecen del elemento esencial.

Observe por favor que estos principios son la base para comprender el resto del libro, para utilizar las herramientas de la Cábala que se presentan en él y para alcanzar la conexión con la Luz, que es nuestro auténtico propósito en la vida. Puede ser útil revisar este capítulo una vez más antes de continuar leyendo. Explicar con sus propias palabras estas ideas a algún amigo o algún familiar también puede ayudarlo a comprender más claramente. O tal vez quiera escribir un breve resumen de los conceptos consultando el libro cuando sea necesario. En cualquier caso, recuerde que para la Cábala el cambio interior es la base de todo crecimiento. Todo lo que ocurre en el mundo físico es reflejo del avance de nuestra alma por el camino hacia la unidad con el Creador.

## La historia de un pueblo, y de todas las personas

En el Libro del Génesis, el Creador da a Abrám (más tarde llamado Abraham) una orden insólita: «Vete de tu tierra y de la casa de tu padre, a la tierra que yo te indicaré». No le dice por qué debe ir, ni a dónde. También le dice: «Yo haré de ti una nación grande», pero está lejos de aclarar lo que esto significa exactamente y cómo o cuándo ocurrirá. Y para este tiempo Abraham tiene setenta y cinco años de edad y no tiene hijos.

Desde una perspectiva histórica y literaria, esto es distinto a cualquier otra cosa que haya llegado a nosotros del mundo antiguo. Aunque existen muchas grandes historias de aventuras y búsquedas, el propósito siempre es claro: en la epopeya babilónica de Gilgamesh, el héroe sale a luchar para obtener la inmortalidad; en la *Ilíada*, los griegos van a la guerra para rescatar a una reina secuestrada; en la *Odisea*, el héroe Odiseo supera obstáculos naturales y sobrenaturales para regresar a casa con su familia. Cada una de estas historias tiene una meta definida, y ocurre en un marco temporal determinado.

Sin embargo, la historia de Abraham y su descendencia es muy diferente. Estos personajes por lo general no saben a dónde van, y cuando lo hacen no saben cuándo llegarán ahí. A veces están en un sitio largos periodos, aunque es más común que se cambien de un lugar a otro. A veces son esclavos, otras, ricos y poderosos. La constante en la narrativa bíblica es la inevitabilidad del cambio. Una y otra vez el pueblo de Israel experimenta la destrucción de su mundo. El paradigma de la Luz y la Vasija es una expresión de esta experiencia así como una revelación de su verdadero significado.

En este sentido, puede verse que muchos de los grandes hitos de la enseñanza cabalística han coincidido con periodos de persecución. Ya mencionamos la expulsión de España a finales del siglo xv, la cual precedió inmediatamente a la obra de Rabí Isaac Luria, Rabí Moisés Cordovero y Rabí Chaim Vital. Del mismo modo, Rabí Yehuda Ashlag escribió *Las diez emanaciones luminosas* y *Entrada al Zohar* a la sombra del genocidio nazi, quizá la desgracia más brutal que ha sufrido un pueblo que padeció más de lo que le correspondía. Sin embargo, las ideas de Rabí Ashlag de ninguna manera contribuyen a fomentar un sentimiento de pasividad ante la injusticia. Por el contrario, fue Rabí Ashlag quien destacó la naturaleza activa de la Vasija en el paradigma de la Luz y la Vasija. Fue la Vasija la que inició la restricción. La Vasija asumió libremente el reto de transformar su naturaleza. Como sus herederos, nosotros debemos aceptar y superar las dificultades que hemos elegido. Ésta es una enseñanza valiente, y no es fácil asumirla en el contexto histórico del siglo xx. La enseñanza de Rabí Ashlag nos responsabiliza del exilio y la diáspora, y con ello nos demuestra que también tenemos el poder de alcanzar la transformación, la redención y la inmortalidad.

Ninguna nación del mundo ha sido inmune a la tragedia. En el plano que se desarrolla la historia humana, la destrucción de la Vasija ha ocurrido una y otra vez, y lo sigue haciendo ahora. Algo sumamente importante sobre las herramientas y enseñanzas de la Cábala es que están disponibles para todas las personas, sin interesar su identidad cultural, origen étnico, o creencia religiosa.

Con frecuencia se ha identificado a la Cábala exclusivamente con la tradición esotérica del Judaísmo, pero esto es una equivocación. La Cábala es anterior al judaísmo y a todas las demás grandes religiones, y como hemos dicho, antecede a la creación misma. La Cábala no pertenece a nadie. Fue y es el regalo del Creador a toda la humanidad.

## La creación interior

Las enseñanzas de la Cábala no están limitadas por las barreras que conocemos en el mundo cotidiano, ya sea que éstas dividan a una persona de otra o la dimensión material de la espiritual. Individual y colectivamente todos partimos del mismo lugar y nos movemos en la misma dirección, aunque por caminos distintos.

El paradigma de la Luz y la Vasija describe el viaje interior de cada persona así como la experiencia de la humanidad como un todo. El cuerpo de un bebé es una expresión pura del deseo de recibir sólo para uno. Emocionalmente los niños también son manojos de necesidades: necesitan amor, apoyo, información, protección y mucho más. Pero llega un momento en el que esto cambia drásticamente. Así como la Vasija primigenia arremetió contra la Luz, en la adolescencia nuestra orientación cambia de «necesidades y más necesidades» a «ninguna necesidad». Un adolescente no está preparado para llevar a cabo esta aspiración. Deben ocurrir cambios profundos antes de que podamos alcanzar la madurez. Cuando lo logramos, el deseo de recibir para uno mismo que había dominado nuestra vida se transforma ahora en el deseo de recibir para dar, generalmente a nuestros propios hijos.

**La Luz y la Vasija representa mucho más que un «mito sobre la creación» en el sentido antropológico. Es una manera de comprender no sólo la creación del universo físico, sino el proceso de construcción de nosotros mismos del que somos partícipes en todo momento.**

La Luz y la Vasija nos enseñan que nuestra experiencia individual acelera —como consecuencia— la transformación de todo el universo. Conforme las enseñanzas de la Cábala emerjan de siglos de oscuridad y prohibición y más personas utilicen sus enseñanzas para cambiar el deseo de recibir para ellas mismas por el deseo de recibir para dar, se formará una masa crítica que afectará positivamente cada aspecto de la realidad. Así, podremos terminar con la muerte, ese poder aparentemente invencible —que me asustó tanto en aquel motel de Safed— quedará imposibilitado de una vez por todas. Eso no será provocado por alguna reacción química en un tubo de ensayo, será producto de la manera en que usted y yo vivamos nuestras vidas en cada momento del día.

## La muerte de la muerte

Para muchas personas, la idea de que nuestro trabajo espiritual puede provocar en última instancia «la muerte de la muerte» constituye un concepto novedoso. Éste es uno de los fundamentos de toda la enseñanza cabalística, por lo que merece una explicación detallada.

Los cabalistas nos dicen que la muerte puede sobrevenir por causas muy diferentes. Por ejemplo: cuando una persona recta ha completado su trabajo espiritual en este plano de la existencia, deja la forma humana para acceder a un nivel más elevado de espiritualidad. Desde el punto de vista cabalístico, la muerte de esa persona no es motivo de penas ni lamentaciones. Ni siquiera una ocasión especialmente significativa: la esencia de un ser humano recto ya reside en un reino más elevado, así que su partida del cuerpo físico es casi mera formalidad. Para las personas menos evolucionadas, sin embargo, el significado de la muerte puede ser muy diferente.

La muerte ocurre cuando la transformación espiritual ya no es posible en esta vida. Cuando la energía negativa se ha acumulado a tal grado que espiritualmente hemos avanzado todo lo que podíamos avanzar, llega el momento de dar un giro en lo que Rav Berg ha llamado las Ruedas del Alma. En este sentido, la muerte es análoga a otras experiencias purificadoras tales como el ayuno.

La muerte es una manera de hacer borrón y cuenta nueva, de liberar al alma de los estorbos reactivos del cuerpo con el fin de que el viaje hacia la transformación pueda reanudarse en una nueva encarnación.

## El rabino y el hacendado

Hubo una vez un famoso rabino que era conocido por sus poderes sobrenaturales. Cierto hacendado de un pueblo cercano fue a buscarlo un día y le dijo:

—Rabí, he oído de tu capacidad de viajar al pasado y al futuro, y de trasladarte a través de los océanos a la velocidad del rayo. Pero hay un talento que te ha sido atribuido que yo daría cualquier cosa con tal de poseer. Se trata de tu capacidad para hablar con los animales. ¿Crees que podrías enseñarme esa fabulosa habilidad?

El rabino meditó un segundo, y contestó:

—Bueno, tal vez puedo enseñártela, ¿pero estás seguro de que quieres aprenderla?

—¡Oh, sí! —dijo el hacendado—. No hay nada que deseé más que hablar con las criaturas del bosque y la pradera. ¡Te lo suplico! Si está en ti, enséñame por favor el lenguaje de los animales, de las aves y los peces.

El rabino accedió, y las lecciones tomaron mucho menos tiempo del que el hacendado había imaginado. En menos de lo que canta un gallo estaba de regreso en su casa, listo para hablar con las criaturas salvajes que vivían cerca. De hecho, no paso ni una hora para cuando trabó conversación con un pájaro cuyo nido estaba cerca del portón de la hacienda.

—Me alegra mucho conocerte —dijo el ave—, pero hay algo muy importante que debo contarte. Lamento decirte que mañana van a robar tu casa. El otro día escuché a unos ladrones planeándolo. Como resultado de lo que el pájaro le había dicho, el hacendado tomó todas las precauciones para proteger su hogar. Escondió varias alarmas inalámbricas en los arbustos cercanos y compró una escopeta para repeler a los intrusos. Por supuesto, al día siguiente unos ladrones activaron las alarmas escondidas, pero huyeron rápidamente cuando el hacendado disparó los dos cañones de su escopeta por la ventana de la casa. Después, ya más tranquilo, se acostó y durmió una larga siesta.

Unos días después, sin embargo, cuando el hacendado tomaba un paseo junto a un pequeño arrollo, una rana saltó interponiéndose en su camino y le dijo en tono apremiante:

—Algo muy malo va a ocurrir si no te apresuras. Supe que tu casa va a incendiarse a causa de las chispas de la chimenea.

Después de decir esto, la rana desapareció de un salto.

El hacendado regresó rápidamente a su casa e inspeccionó la chimenea. Encontró que los periódicos que había utilizado para encenderla estaban muy cerca del fuego. Habría sido fácil que las chispas provenientes de los troncos prendieran el papel, el fuego se hubiera extendido sin dificultad hacia las cortinas que estaban a un lado. Seguro de estar a salvo, el hacendado encendió un acogedor fuego y tomó una siesta en su sillón. Durmió hasta la mañana siguiente.

Una semana después el hacendado salió por la puerta principal para recoger el periódico matutino. En ese momento se le acercó corriendo una ardilla.

—No creo que tengas tiempo de leer hoy el periódico —dijo el animal—. Ha llegado el momento de que dejes este mundo.

¡El hacendado quedó horrorizado! ¿Cómo puede ser posible? Y sin embargo todo lo que le habían dicho los animales fue cierto. Aterrado el hombre corrió a la casa del rabino con la intención de descubrir lo que esta terrible predicción podía significar. Informó al rabino lo que había dicho la ardilla, sólo para ver cómo éste movía tristemente la cabeza de un lado a otro.

—No hay nada que pueda hacer —dijo—. Como sabes, yo no estaba entusiasmado con la idea de enseñarte a hablar con las aves, las ranas ni las ardillas, ahora entiendes por qué. Es verdad que ellas te ayudaron a evitar algunas pérdidas materiales, pero es cierto que esos eventos fueron puestos en tu vida para ayudar a crecer a tu ser espiritual. Ahora el trabajo espiritual que no realizaste en esta vida tendrás que continuarlo en otra.

Si la oportunidad de regresar al mundo en una nueva encarnación parece restarle importancia a la muerte, ésa no es la intención de esta enseñanza cabalística fundamental. Por el contrario, la presencia constante de la muerte *en todo* lo que hay en el mundo demuestra que es necesario progresar espiritualmente aún más. Tal como la muerte nació del pecado de Adán, puede ser eliminada a través de nuestro propio trabajo espiritual, y ésta es una empresa colectiva de la humanidad. Aunque durante el curso de la historia un pequeño número de justos ha merecido liberarse de la muerte, pocos de nosotros alcanzaremos el nivel espiritual de Moisés o Elías. En vez de eso, podemos trabajar en lo personal para desencadenar la transformación del mundo en conjunto. Conforme cada uno de nosotros evolucione a niveles espirituales más elevados, la Luz que revelaremos facilitará la evolución de otros y, en última instancia, se alcanzará la redención final de la humanidad.

**Si la inmortalidad no está disponible para nosotros ahora, la Cábala nos asegura —nos garantiza— que la muerte de la muerte está en camino. Lo rápido que llegue depende totalmente de nosotros.**

No es fácil. La transformación no ocurre automáticamente. Se inicia con la *conciencia* y el *deseo*, dos fuentes fundamentales de energía espiritual: somos *conscientes* de que venimos de Dios, y desde lo más íntimo de nuestro ser *deseamos* recuperar esta unidad. Y Dios también lo desea.

La palabra que en hebreo expresa este deseo es *d'vekut*, y define a un lazo tan estrecho con el Creador que ninguna separación perdura. En el mundo físico somos como piedras que han sido arrancadas de una gran montaña. Asumimos nuestra identidad individual por un tiempo, pero cuando regresamos al punto de origen, dejamos de ser entes aislados. Regresamos a la montaña. Esto es exactamente lo que sucede cuando un alma humana alcanza el *d'vekut*. La separación del Creador es una ilusión, y la Unidad se revela como la verdad suprema.

## Los Mundos Superiores

La Cábala enseña que las dimensiones físicas y espirituales están íntimamente ligadas, así lo establece un precepto cabalístico: «Tal como es arriba, así es abajo». Tal como somos influenciados por el reino espiritual, nuestras acciones diarias afectan directamente lo que los cabalistas llaman los Mundos Superiores. Esta frase, sin embargo, requiere explicación.

En la Cábala, la distancia y el tiempo son entendidos en términos de proximidad con el Creador, los grandes cabalistas eran cercanos a los Mundos Superiores no en el sentido de que pudieran volar por los aires (¡aunque se dice que algunos de ellos podían!), sino porque sus almas se habían desarrollado hasta alcanzar niveles espirituales supremos. Los Mundos Superiores están dentro de nosotros pues cada uno es expresión de toda la creación.

## Tiene que ganárselo

A través de los siglos las mentes brillantes de la humanidad han luchado por entender la naturaleza de Dios y responder las preguntas que plantea nuestra frágil existencia. ¿Con qué objeto nos hemos preguntado constantemente, el Creador permitió que todo se complicara tanto? ¿Por qué la transformación espiritual tiene que ser tan dolorosa? Si el poder de Dios no tiene límites, ¿por qué no simplemente nos reinventa instantáneamente como una raza de seis miles de millones de Rabís Lurias, siendo cada uno un alma humana totalmente iluminada?

La respuesta a esta pregunta nos lleva a una enseñanza cabalística fundamental:

**No podemos alcanzar la realización
sin hacer el trabajo espiritual para ganárnosla.**

Nuestra esencia es la del Creador, cuya naturaleza es dar y compartir, y para quien el concepto de «regalo gratis» es inadmisible, hay una frase en hebreo inscrita en el Talmud que se relaciona con esta idea: *nahama dichisufa*, que puede traducirse como «pan de vergüenza», y se refiere a las posesiones o al sustento que por no habérnoslo ganado produce dolor y arrepentimiento más que alegría y realización. Rabí Ashlag señaló que esta frase era la manera de describir los peligros de la abundancia inmerecida. En el nivel espiritual y el psicológico, va en contra de nuestra naturaleza aceptar «algo por nada».

Imagine que el hombre más rico del mundo decide iniciar una colección de arte. Lo más cómodo sería llamar a una casa de subastas y ordenar las mejores pinturas del mundo, «sólo mándemelas y envíe la cuenta por correo», el hombre se sorprendería por lo sencillo que fue convertirse en coleccionista de arte, pero habría pasado por alto la experiencia real de coleccionar arte. Los objetos adquiridos no tendrían un valor emocional auténtico por haber sido obtenidos sin esfuerzo, pensamiento y sentimiento. El propósito de coleccionar arte, por tanto, es más que llevar pinturas y esculturas a su casa; es el viaje que tuvo que realizarse para alcanzar la meta. El Creador necesita que recorramos el camino hacia Él, no porque sea imposible hacerlo de otro modo, sino porque el proceso es esencial.

Rav Berg utiliza otra metáfora para explicar la misma idea. Cuentan las historias del futbol americano que el gran entrenador Vince Lombardi, de los Empacadores de Green Bay, dijo una vez: «Ganar no es todo. Es lo único». ¿Pero es verdad, incluso en el mundo de los deportes de competencia? Imagine que Vince Lombardi pide a un gran cabalista una bendición especial para que los Empacadores ganen cada uno de sus juegos. Temporada tras temporada, año con año, Green Bay ganaría una y otra vez. ¿Estaría realmente feliz Vince Lombardi? ¿Los jugadores se sentirían motivados para dar su mejor esfuerzo? ¿Los aficionados acudirían al estadio a aplaudirles? Por supuesto que no, porque el riesgo de la derrota es lo que da valor a la experiencia de la victoria. Si *en verdad* ganar fuera lo único, muy pronto perdería sentido.

Afortunadamente para nosotros, la transformación no es «pan comido», es un reto y una oportunidad continua. Para ayudarnos a superar el reto, el Creador nos dio las herramientas de la Cábala, lo cual no hace la empresa más sencilla. Como seres humanos, somos nosotros los que debemos lidiar con los sufrimientos de la existencia mortal, somos nosotros los que debemos afrontar la enfermedad y la muerte. No existe una sola persona que en momentos difíciles no desee que las puertas de cielo se abran de par en par y un ángel desde el interior grite: «¡Pasa!»

¿Eso sería lo mejor? Imagine que un hombre rico muere y deja una enorme fortuna a su hijo. ¿Eso garantiza la felicidad del hijo? ¿Eso asegura que éste se sentirá realizado y satisfecho con su vida? ¿Debemos esperar que el hijo obtenga un alma superior del mismo modo en que recibió abundancia? Obviamente no, el crecimiento emocional y espiritual son resultado del tiempo y el esfuerzo, mas no de un incremento en la cuenta bancaria. Hay argumentos sólidos que sostienen que las personas que trabajan duro toda su vida y se ocupan de su familia son espiritualmente más evolucionadas que aquellas a las que todo les ha llegado con cierta facilidad.

Debemos llegar a comprender que los desafíos de la vida son oportunidades para crecer, no simples sufrimientos que Dios debería quitar de nuestro camino. El propósito de habitar este mundo es alcanzar la unidad con el Creador, a través del trabajo espiritual con las herramientas que la Cábala nos ofrece. No hay salidas rápidas ni debemos buscarlas. La realización espiritual no puede ser un regalo. Necesitamos trabajar para conseguirla.

# Parte dos
## Cómo prepararnos
## para la luz

# Capítulo 4
## El trabajo de vivir

La palabra «trabajo» se refiere a algo más que a esas disciplinas puramente espirituales como la meditación o incluso la oración. La visión de la Cábala con respecto a esto tiene su origen en los capítulos iniciales de la Biblia. Después del pecado de Adán, «el Creador lo expulsó del jardín del Edén para que trabajara la tierra de la que él había sido tomado». De este versículo los sabios cabalistas infirieron que el trabajo de Adán se había desarrollado hasta entonces únicamente en el plano espiritual, pero que a partir de ese momento debía realizar trabajo físico. La lección es que no puede lograrse ningún crecimiento espiritual sin acciones positivas en el mundo físico.

En algún punto de su vida muchas personas llegan a experimentar el deseo sincero de alcanzar un nivel más elevado de conciencia espiritual. Están ansiosos de pensar, estudiar y meditar. El cambio interno es el fundamento esencial para conectarse con la Luz. Es muy fácil pensar que esto permite librarnos del trabajo del mundo físico, o del vivir en un cuerpo lleno de necesidades y exigencias. Las interacciones con el mundo, y nuestro ser físico, nos brindan oportunidades para encontrar y transformar el deseo de recibir sólo para nosotros. Más que eludir este encuentro, debemos aprovecharlo al máximo.

*The Inner Game of Tennis* [*El juego interior del tenis*], título de un libro que fue éxito de ventas hace algunos años, señalaba que el triunfo o el fracaso en los deportes está influido en gran medida por las expectativas, las emociones y los niveles de estrés del atleta. Éste fue uno de los primeros libros que mencionaron los beneficios de técnicas como el control de la respiración y la meditación. Imagine por un momento que alguien quedó tan embelesado con el juego interior del tenis que nunca llegó al juego exterior, del cual, después de todo, también hay mucho que aprender. Esto es lo que le pasa a un número significativo de personas que se interesan en el desarrollo espiritual. Quizás es eso exactamente lo que quieren que pase: tal vez inconscientemente ven la espiritualidad como un *escape* de las complejidades del mundo físico.

De acuerdo con la enseñanza cabalística, el crecimiento espiritual y el trabajo en la vida cotidiana son interdependientes e inseparables. Al respecto los textos cabalistas dicen que el alma humana está revestida de una cáscara opaca y de múltiples capas. Dentro de la cáscara el alma puede estar altamente desarrollada, capaz de atraer la Luz. Pero sin trabajo físico que rompa la cáscara, la transformación no podrá ocurrir. La Luz no será recibida.

## El sendero unidireccional

Hemos hablado mucho de la transformación y conviene reafirmar lo que significa exactamente. La Cábala enseña que estamos en este mundo para transformar *el deseo de recibir sólo para nosotros* en *deseo de recibir para dar,* alcanzando así la unidad con el Creador. Cualquier cosa negativa que suceda en este mundo, sea a un individuo o a la humanidad en conjunto, es manifestación del deseo egocéntrico. Mientras más estemos conectados con el deseo de recibir para nosotros, mayor será la separación de la Luz. El deseo egoísta es la única barrera que nos separa del Creador. Superarlo es el reto más grande que enfrentamos en nuestro viaje de transformación. Representa la montaña por escalar y el océano que debemos atravesar.

**Tal vez le sorprenda saber que en este viaje
el resultado positivo está garantizado.**

En la espiritualidad, así como en la biología, la evolución sólo se da en una dirección. Ni el cuerpo, ni la mente, ni el alma pueden dar marcha atrás, esto es más sencillo de comprender en términos biológicos que espirituales. El biólogo evolucionista Stephen Jay Gould, por ejemplo, escribió su tesis de doctorado sobre el hecho de que actualmente existen sólo seis diseños básicos de conchas marinas. Estos diseños son sobrevivientes de otros cientos que se quedaron a mitad del camino en el proceso de selección natural. Este proceso, por supuesto, sigue en marcha. No es impensable que algún día existan cinco tipos de conchas, o sólo uno. Pero jamás habrá siete o setecientos, tal como no pisarán nuevamente la tierra los hombres de Cromagnon o de Neanderthal.

De acuerdo con las enseñanzas cabalísticas, nuestras almas evolucionan siguiendo un sendero unidireccional parecido. Al mismo tiempo, sin embargo, hay una diferencia fundamental entre nuestra evolución espiritual según la Cábala y el proceso darwiniano de selección natural. De acuerdo con Darwin, el progreso se da en la evolución en gran parte por accidente. Un ejemplo frecuentemente citado es el de la jirafa, que no evolucionó hasta tener un cuello largo con el que pudiera comer las hojas de la punta de los árboles. Más bien ocurrió que existió una jirafa con un cuello particularmente largo, lo cual representó una ventaja sobre sus competidores de cuello más corto. Cuando se reprodujo, su descendencia tuvo una ventaja similar, se desempeñó bien en la lucha por la supervivencia y finalmente todas las jirafas tuvieron cuellos largos. Esto no ocurrió como resultado de alguna intención, o de un plan de la naturaleza. Simplemente sucedió.

Pero nuestra evolución espiritual tiene un propósito y una meta, que es la unión final e infinita de Dios y el hombre decretada por Dios en el momento de la creación e impedida por el pecado de Adán.

## Proactivo *versus* reactivo

Todas las almas alcanzarán el objetivo aunque ninguna lo hará del mismo modo, existen tantas maneras de lograr la transformación como variedades de rostros, voces o huellas dactilares. Dentro de la infinita gama de experiencias, sin embargo, hay dos caminos básicos que la Cábala llama *proactivo* y *reactivo*.

Los seres humanos debemos elegir entre estos dos medios con los que se obtiene el mismo fin. Podemos transformarnos *proactivamente*, alentando el deseo de compartir, que constituye nuestro lazo con el Creador, o podemos alejarnos de Él construyendo nuestras vidas con base en el deseo de recibir sólo para nosotros. Podemos utilizar proactivamente las herramientas de la Cábala que Dios nos ha dado, o podemos lograr la transformación *como reacción* a la dificultad, el dolor, la confusión y el sufrimiento. La capacidad de elegir es la única libertad auténtica con la que contamos. Una vez que hemos ejercido nuestro poder, los cambios expresarán los resultados de nuestra elección. Realizar estos cambios no siempre es fácil. Al superar las dificultades ganamos y merecemos el resultado que deseamos. Si nuestras elecciones fueran hechas por otros o las dificultades fueran eliminadas mágicamente, nunca aprenderíamos nada. Seríamos marionetas en vez de personas.

¿Qué debemos elegir, vivir reactivamente o proactivamente, el deseo egoísta o el deseo de compartir? La elección correcta parece muy obvia, pero el deseo de recibir sólo para nosotros es como una droga altamente adictiva, y como tal, nos enganchamos a la euforia que produce. ¡A tal punto la droga se convierte en parte de nuestra vida que no somos conscientes de la adicción!

Igual que otras drogas, el deseo egoísta tiene muchos detonantes: dinero, fama y poder son algunos de los más recurrentes. La humillación y la derrota pueden tener un poderoso atractivo, por lo menos inconscientemente. Detrás de todos estos detonantes existe la misma energía, y es innegable su capacidad de proporcionar placer y excitación. De hecho, para muchas personas ésta es la única versión de la felicidad que conocen y renunciar a ella les resulta inconcebible.

Lo mismo que con cualquier sustancia adictiva, los efectos placenteros del deseo de recibir sólo para nosotros son transitorios y efímeros. Mientras más lo utilizamos y más dependemos de él, menos satisfacción sentimos. Nos encontramos en un oscuro callejón metafísico, sólo buscando más fama, más poder, más dinero, más reconocimiento, más amor, más prestigio. O tal vez más dolor y sufrimiento. Pero no importa cuánto obtengamos, la euforia pasa y regresamos al punto de partida. Puede ser muy difícil romper el ciclo. Después de todo, recibir para nosotros es la tendencia primaria, y compartir no siempre proporciona gratificación inmediata.

## Ir en contra de nuestra naturaleza

Para transformar el deseo de recibir sólo para nosotros en deseo de recibir para dar, debemos reconocer en primer término que nuestra naturaleza está cimentada en la necesidad de gratificación inmediata. Es indispensable realizar un esfuerzo consciente y decidido para trascender dicha necesidad en favor de otras mayores.

Como el conjunto de sabiduría largamente oculto y extremadamente poderoso que es, no sorprende que la Cábala nos aconseje prestar atención especial a todo lo sutil y lo oculto, y guardarnos del entusiasmo arrebatador por lo obvio y lo ya revelado. La verdad no grita. Susurra y es necesario esforzarnos para escucharla sobre el ruido y la negatividad que dominan nuestro mundo. La tarea es sintonizarnos en la frecuencia de la sabiduría verdadera y escucharla sobre la estática que distrae a gran parte del mundo.

Como siempre ocurre en la Cábala el entrenamiento no se da por sí solo, pero una vez logrado el objetivo las recompensas son inmensas. El mundo está hecho de manera que casi todas las oportunidades para actuar proactivamente y para compartir se presentan como todo lo contrario. Si usted se encuentra una billetera con cien dólares adentro, ¿cuál es su primer impulso? Cuando otro conductor se le atraviesa en la calle, ¿qué es lo primero que se le ocurre hacer? Cuando alguien le habla bruscamente, ¿su reacción es responder tranquila y pacientemente? Éstas son, por supuesto, situaciones obvias que la mayoría aprende a manejar de manera proactiva. Pero compartir es fundamentalmente un reto mayor. Por lo menos al principio, compartir es doloroso en el sentido de que crecer duele.

La definición de Cábala sobre compartir es distinta al concepto que asignamos a la palabra. Por ejemplo, sacrificar nuestra propia comodidad por la familia y los amigos puede ser una acción positiva pero no necesariamente transformadora, porque no siempre va en contra de nuestra naturaleza. Casi puede decirse que «sin dolor no hay ganancia» es un principio cabalístico. Pero la verdad es que compartir no implica dolor, del mismo modo que una acción egoísta no proporciona felicidad auténtica. Se trata simplemente de reconocer la resistencia a la transformación que es inherente a nuestra naturaleza como seres humanos, y luego enfrentar esa resistencia con total conciencia y determinación.

Para que los padres puedan proporcionar alimento y techo a sus hijos frecuentemente se requiere trabajo duro y sacrificio.

Pero compartir de este modo no va en contra de las inclinaciones de los padres. Por el contrario, criar a los hijos está codificado en nuestra naturaleza como seres humanos. Hacerlo satisface una necesidad tanto de los padres como de su descendencia. La paternidad es por lo tanto un esfuerzo noble e incluso sagrado, pero no transformador. No requiere ningún cambio básico en nuestra naturaleza.

Compartimos por naturaleza cuando nos sentimos bien, o porque se siente bien. Por esto la Cábala nos dice que compartamos cuando resulte desagradable. Cuando vamos en contra de la inercia de nuestra naturaleza, cuando vamos en contra del reflejo de la gratificación inmediata, nos dirigimos hacia el auténtico crecimiento espiritual y la transformación. Esto no quiere decir que debamos dejar de compartir cuando nos sintamos bien por hacerlo; significa que compartir para transformar nuestra naturaleza es por definición *desagradable*.

Somos como corredores que entrenan para un maratón. Los *sprints* y el levantamiento de pesas pueden causar molestia, pero aumentan nuestra capacidad para completar exitosamente una competencia. Cada vez que nos desafiamos a compartir, avanzamos hacia la unidad con el Creador, y trastocamos la realización auténtica. Cada acto en el que compartimos derriba las barreras de nuestro deseo de recibir sólo para nosotros y libera la experiencia infinitamente más profunda y rica de compartir escondida dentro de nosotros.

## Positivo y negativo, luz y oscuridad

La Cábala considera que cada ser humano está en equilibrio entre dos poderosas fuerzas. Una fuerza positiva nos empuja hacia la transformación de nuestra naturaleza y la realización última, mientras que una negativa nos invita a realizar acciones egoístas, a buscar la gratificación inmediata y el placer transitorio.

Ambas fuerzas actúan sobre nosotros con la misma intensidad todo el tiempo. El significado de la fuerza positiva es evidente, pero la fuerza negativa es indispensable para el desarrollo espiritual.

**Gracias a la fuerza negativa tenemos la oportunidad de elegir la dirección de nuestras vidas a cada momento. Recuerde: la elección hace posible que ganemos la beneficencia del Creador. Sin ella, la realización duradera es imposible.**

Así como individualmente enfrentamos estas dos fuerzas, la humanidad también está entre ellas. «Estamos todos juntos en esto». La Cábala enseña que cuando un ser humano elige la dirección positiva, el mundo entero también se mueve hacia la Luz. A nivel práctico, nuestros actos positivos permiten que los demás actúen como consecuencia de nuestra elección. De igual modo, cuando nos inclinamos hacia el egoísmo y el interés personal, el mundo tiende a la negatividad.

Cada uno de nosotros influye en la suerte de los demás. Nuestras acciones positivas o negativas, no importa su magnitud, afectan el estado espiritual del mundo.

Esto nos lleva a un principio cabalístico básico: «Lo externo despierta lo interno».

**Resistirnos a la naturaleza egoísta en la vida cotidiana es un acto externo que despierta nuestro potencial interno, y el de los demás. La meta de la transformación, para nosotros y para el mundo, consiste en *ser* diferentes. Un buen comienzo es que empecemos a *comportarnos* distinto en lo individual.**

## Todos vamos en el mismo bote

Imagine la siguiente situación: dos amigos van a pescar en un bote de remos. Cuando llegan a la mitad del lago, uno de los hombres se sorprende al ver que el otro está perforando un hoyo en el fondo del bote. «¿Qué crees que estás haciendo?», grita el primer hombre. El segundo hombre sólo lo mira con calma y contesta: «No te preocupes. El hoyo sólo está debajo de mi asiento».

¡Obviamente el segundo hombre nunca ha estudiado la Cábala! Sin embargo, para decirlo en términos actuales, puede que él se considere una persona espiritual que simplemente se dedica a lo suyo. La naturaleza compartida de nuestro destino espiritual es un punto de divergencia significativo entre la Cábala y otras enseñanzas. La transformación, como hemos visto, se trata de aprender a compartir con los demás, es lo más alejado a centrarse en el yo asociado a las enseñanzas de la Nueva Era.

Nuestra meta y nuestro propósito, la auténtica razón para habitar el mundo es transformar el deseo de recibir sólo para nosotros en un deseo de compartir, y como consecuencia ser uno con el Creador. Transformarnos nos conviene, pero también la Cábala enseña que somos responsables de la transformación espiritual del mundo. Mientras exista uno de nosotros que no alcance la meta, no podremos cruzar. Todos vamos en el mismo bote, si alguien se hunde, todos nos hundimos.

Este concepto deriva del paradigma de la Luz y la Vasija. Cuando la Vasija primigenia estalló en un número infinito de partes, los fragmentos se convirtieron en la materia y la energía que dan forma al mundo físico. Todo lo que vemos, oímos, probamos, olemos o pensamos es parte de la Vasija original. Nosotros mismos somos la Vasija y todo lo que existe es parte de nosotros.

## Actúe en el mundo real

De este hecho se desprende un consejo específico sobre cómo vivir mejor nuestras vidas.

*Por lo menos la mitad de lo que hacemos en el mundo debería estar orientado a ayudar a los demás.* Este trabajo importantísimo

puede tomar muchas formas, pero la Cábala enseña explícitamente que la acción práctica es tan valiosa como la devoción o
las prácticas religiosas. Ofrecer alimento al que tiene hambre
puede transformar tanto como la oración o la meditación. La
Cábala nos pide *actuar en el mundo real.*

Hacer esto desde una perspectiva cabalística implica más que
salir a realizar «buenas obras». Compartir requiere un cambio
definitivo en la manera en que vemos nuestras vidas y en la forma
de relacionarnos con las personas que nos rodean. Naturalmente,
muchos hemos aprendido a tomar nuestras vidas como historias
en proceso en las que somos el protagonista. Tratamos de dirigir
la trama hacia nuestras metas, que para muchos están definidas
en términos materiales: una hermosa casa, ingresos sustanciales
o reconocimiento por logros personales y profesionales. Ciertamente éstas son aspiraciones valiosas, pero la Cábala nos previene
de hacer de ellas el centro de atención de nuestro ser, especialmente a expensas de los demás. La Cábala también ofrece otras
maneras de entender la vida, que representan alternativas positivas a las sagas heroicas que intentamos construir.

## Armar el rompecabezas

El punto de vista cabalístico nos invita a ver la vida como un
rompecabezas o crucigrama y no como un relato lineal. Hemos
aprendido que las historias terminan cuando el protagonista
(¡usted!) llega a una solución. Pero imagine que preguntáramos
qué ocurrió con todos los demás personajes: el taxista del
capítulo 1, el piloto del capítulo 4, la niña que recogió una flor

en la última página del libro. La Cábala nos dice que la «historia» no termina realmente hasta que *todos* están incluidos, esto es, hasta que *todos* han logrado la transformación espiritual. La metáfora de la vida como una historia hace que esto sea difícil de entender. Las historias necesariamente deben distinguir entre la importancia de sus personajes. Nosotros podemos —de hecho debemos— aceptar la idea de que una historia ha llegado a su fin cuando los personajes principales alcanzan sus objetivos. Un rompecabezas, por otra parte, no está completo hasta que todas las piezas se encuentran en su lugar. Además, la atención que se da a una pieza del rompecabezas no resta importancia a las demás. Debe atenderse la *totalidad,* o no hay éxito.

Un incidente referido en la Biblia ilustra este punto. En el capítulo 37 del Libro del Génesis, Jacob ordena a su hijo Joseph, de diecisiete años, viajar al valle de Hebrón para ver «cómo están tus hermanos y cómo sigue el rebaño». Cuando Joseph arriba a su destino, sus hermanos no están por ningún lado, en ese momento se le acerca un hombre —la Biblia ni siquiera le da un nombre— en cierto sentido, toda la narración bíblica depende de él, es una pieza del rompecabezas sin la cual la terminación sería imposible. «¿Qué buscas?», pregunta el hombre anónimo, cuando Joseph le contesta que está buscando a sus hermanos, el hombre responde: «Ya se han ido de aquí; pero les oí decir 'vámonos a Dotán'». Entonces el hombre desaparece entre las filas de los personajes olvidados de la literatura. Él, como todos, asciende a los Mundos Superiores, pues la Cábala enseña que ese hombre es en realidad el arcángel Gabriel.

Como ser individual, usted tiene una naturaleza dual: está armando su propio rompecabezas, al tiempo que es una de las piezas de un rompecabezas mayor. Usted debe propiciar la terminación del armado encontrando su lugar y el de otras piezas. No importa cuánto tiempo tome, no importan los errores o frustraciones que enfrente antes de concluir su trabajo. De hecho, los reveses harán la terminación más satisfactoria. Pero debe aprender a reconocer la unidad de sus intereses propios con los intereses de todos los que lo rodean. Todos son parte de la misma Vasija que fue destruida y que debe unirse de nuevo.

## El origen del dolor y el sufrimiento

Hemos hablado de la dificultad de transformar nuestro deseo de recibir en deseo de recibir para dar. Pero «dificultad» no es una palabra lo suficientemente fuerte para describir lo que muchas personas enfrentan en sus vidas, y no es sencillo entender cómo sus problemas son consecuencia del egoísmo. En el mundo hay dolor real. Y fuera de los países de primer mundo existe el sufrimiento en una escala que resulta difícil imaginar.

¿Cómo integra la Cábala este hecho con la idea de un Dios amoroso y bueno? Ésta es una pregunta urgente, que merece una respuesta clara y directa.

Antes de hablar del significado del dolor y el sufrimiento en el mundo, debemos identificar su origen. Si el Creador es totalmente bueno y todo viene de Él, ¿cómo explica la Cábala la presencia en el mundo de todo lo que parece ser malo? Si el Creador es puramente positivo, ¿de dónde vino la presencia negativa?

La Cábala enseña que en el mundo actúan dos fuerzas. La fuerza positiva es la Luz del Creador, pero también existe un lado negativo que nos permite enfrentar la prueba de elegir entre el bien y el mal, y nos da libre albedrío para realizar nuestra elección. El lado negativo —frecuentemente llamado «la inclinación maligna» en las enseñanzas cabalísticas— es la fuerza que intenta empujarnos a realizar acciones que se basan en el deseo de recibir sólo para nosotros. El lado positivo es la fuerza que intenta ayudarnos a convertirnos en seres que comparten. Ambas fuerzas están dentro de todos nosotros en la misma magnitud. En todo momento contamos con libre albedrío para elegir la dirección.

En el estudio de los sistemas espirituales del mundo, se hace una distinción fundamental entre los que presentan el mal como independiente y opuesto al bien, y aquellos que creen que el mal es una versión corrupta o degradada de la benevolencia del Creador. Han estallado guerras y persecuciones por este asunto, ¡lo que debe haber agradado al poder del mal, independientemente de dónde haya surgido!

## ¿Qué es el mal?

El concepto de la Cábala sobre el mal está hermosamente ilustrado en una parábola del Zohar. Un rey quería probar el carácter de su hijo para comprobar si era digno de heredar el reino. Para esto, el rey buscó a la ramera de peor reputación en la región y le ordenó seducir al príncipe. ¿Pero debía ordenarle también revelar que estaba trabajando para el rey? Por supuesto que no, porque en ese caso ya no habría prueba. La ramera perdería inmediatamente su poder sobre el joven, pues él lejos de verla como una tentación maligna, habría entendido que ella era otro súbdito leal de su padre.

Cada uno de nosotros es como el príncipe de la parábola, enfrentamos tentaciones duras, ¿pero cuál es el verdadero origen de la tentación? ¿qué es lo que la hace parecer tan peligrosa y persuasiva? La Cábala enseña que el mal reside en nuestra idea del mal. Si entendemos su auténtico origen y propósito se revelará como otra manifestación de la sabiduría del Creador.

Antes de leer esta parábola, reflexionaba sobre la enseñanza que afirma que un individuo recto no ve el mal en otro ser humano, independientemente de la idea que tenga el resto del mundo. Considerando algunas de las cosas que han hecho diversos personajes en el curso de la historia del hombre, ¿cómo podría alguien *no* reconocerlas como malas? Esa capacidad más que un atributo de la rectitud me parecía ceguera. Pero como ilustra la parábola de la ramera, no es que una persona recta no vea el mal, sino que lo ve de manera diferente que el resto del mundo. Una persona recta ve el mal no como un fenómeno independiente, sino como un poderoso instrumento de prueba del Creador.

La Cábala nos dice que el gran sabio Rabí Akiva era una de esas personas rectas. Rabí Akiva, que vivió en el siglo II d.C., fue pastor hasta los cuarenta años, edad en la que inició el camino espiritual. En el año 132, después de una rebelión de los judíos contra los romanos que gobernaban Palestina, se decretó que Rabí Akiva debía morir en una ejecución pública. El día que se cumpliría la sentencia, Rabí Akiva enfrentó al mal como el gran cabalista que era. Camino a la ejecución, los alumnos del rabino no podían creer lo que le ocurría a su maestro. Sin embargo, a Rabí Akiva no le preocupaba quién era el responsable de esa injusticia, estaba tranquilo y aunque admitía su desconcierto por no saber qué hizo para provocarlo, se negó a culpar a alguien por su muerte. Esto puede resultar sorprendente para el lector moderno que vive tiempos en el que el papel de víctima es muy tentador, pero la reacción de Rabí Akiva es coherente con los principios cabalísticos. Luego, cuando la ejecución estaba a punto de realizarse y un alumno lamentaba la tragedia, Rabí Akiva le pidió severamente que guardara silencio, y agregó: «Éste es el momento más grande de mi vida».

¿Cuál es la enseñanza aquí? ¿Cómo puede un hombre completamente inocente proclamar su propio asesinato como el momento más grande de su vida? ¿En qué sentido podría esta atrocidad llamarse *grande*? Lo que Rabí Akiva quería decir, creo yo, es que había tenido la oportunidad de enfrentar el mal en su manifestación más pura, y él estaba *a la altura de la situación*. Se negó a reconocer al mal como un poder maligno por derecho propio. Eligió libremente ver los peores actos de sus enemigos como una forma de servir al Creador. Ellos le brindaron la oportunidad de actuar con coraje y seguridad, y así verter más Luz sobre el mundo. De ninguna manera Rabí Akiva era ciego o ajeno al mal. Por el contrario, tuvo la fuerza de reconocerlo como lo que era y sigue siendo.

## Hay leyes espirituales

Debemos recordar aquí un punto señalado anteriormente: «no somos marionetas del Creador, somos copartícipes de Él en el proceso de la Creación, somos el origen del dolor y la tragedia.

Nuestras acciones negativas, nuestros deseos negativos, nuestros pensamientos negativos traen sufrimiento a nuestra vida y al mundo entero».

Para muchas personas, la responsabilidad individual por el sufrimiento particular y general, es quizás el precepto más difícil de toda la Cábala. Nos resistimos instintivamente a la idea, negamos nuestra responsabilidad con toda la fuerza. Es más cómodo culpar a alguna fuerza indomable o ser externo, incluso podemos imaginar que en el mundo no existen las causas ni los efectos. Es mejor pensar que no existen causas para asumir la responsabilidad de nuestros actos. Quizás el universo es sólo una secuencia de sucesos aleatorios.

Para comprender la enseñanza cabalística sobre este tema, considere la siguiente secuencia imaginaria de acontecimientos. Durante una visita a Nueva York una joven visita el edificio del Empire Estate. Sólo por diversión decide saltar. Mientras va cayendo, la sensación que la habita es excitante, al chocar con el pavimento se rompe ambas piernas. La excitación termina y empieza el dolor. ¿Quién es responsable por los problemas de esta mujer? La mayoría de nosotros diríamos que ella misma. Nadie la empujó, nadie le dijo que saltara, ella decidió saltar. Caso cerrado.

¿Alguien culparía a la ley de gravedad por esta situación? Sería absurdo. Aunque no podemos verla, aunque no hay letreros de advertencia colocados en los puentes ni en las azoteas de los edificios altos que nos prevengan de la manera en que las fuerzas físicas afectan a los objetos en caída, todos sabemos que la gravedad está presente. Si decidimos saltar de un edificio o de un puente, enfrentaremos las consecuencias de inmediato.

Ignorar la ley de gravedad es insensato y peligroso.

**Lo mismo puede decirse de las leyes espirituales.
Las leyes espirituales son tan inexorables
como los principios de la física o de la química,
y sin embargo es más difícil para nosotros
aceptar la idea de que tienen el patrón causa-efecto.**

Seamos muy claros a este respecto. Si usted elige ignorar las leyes espirituales —si actúa de manera negativa y si su vida está gobernada por el deseo de recibir sólo para usted—, entonces se está alejando de la Luz del Creador. A menos que su comportamiento destructivo sea contrarrestado y corregido por sus acciones positivas, la Cábala enseña que el resultado será el dolor. Ésa es la ley, y no hay manera de evadirla.

## El elemento de la elección

Existe, sin embargo, una diferencia fundamental entre las leyes de causa y efecto de la espiritualidad y de las ciencias exactas. En el mundo físico sólo hace falta saltar de un puente para darnos cuenta de la insensatez de nuestro comportamiento. El resultado negativo se hace evidente en un segundo. Sin embargo, espiritualmente podemos dar varios saltos imprudentes sin chocar contra el pavimento. Podemos experimentar la excitación de la caída y no sentir el dolor, al menos por un tiempo. La razón de ese lapso entre la causa y el efecto en el reino de la espiritualidad es sencilla y reveladora. Tiene que ver con el libre albedrío que nos hace seres humanos y como copartícipes de Dios en el proceso de la creación.

**Si viviéramos en un mundo en el que el efecto de la acción negativa se manifestara inmediatamente como dolor y sufrimiento, el elemento de la elección desaparecería de nuestras vidas.**

Para comprender esto, imagine que cada acción negativa fuera castigada inmediatamente con una poderosa descarga eléctrica. No pasaría mucho tiempo antes de que la negatividad desapareciera del comportamiento humano como consecuencia de la *represión* y no de la *elección*. La acción correcta resultaría del temor al castigo, no de una decisión proactiva. El libre albedrío que el Creador decretó para nosotros desaparecería.

**Con respecto a las leyes espirituales, la correlación entre causa y efecto está oculta con el fin de preservar nuestro poder de elección.**

Así que no recibimos descargas eléctricas cada vez que nos movemos en la dirección espiritual equivocada, ni somos recompensados instantáneamente cuando elegimos actuar correctamente. Depende de nosotros desarrollar conciencia sobre nuestro comportamiento y sobre su relación con la ley espiritual. Depende de nosotros decidir y elegir, y darnos cuenta de que las consecuencias de nuestras acciones, buenas o malas, se manifestarán en algún momento. Cuando las consecuencias negativas se materializan, podemos quedar desconcertados por las causas. En los momentos en que nos sentimos más confundidos quizás culpemos al Creador, pero esto es tan absurdo como culpar a la ley de gravedad por el dolor de chocar contra el pavimento después de saltar de un edificio.

El dolor es una oportunidad para corregir nuestro comportamiento.

## Las Ruedas del Alma

Cuando Baal Shem Tov vivía en la ciudad de Medzhibozh, Polonia, se decía que el hombre tenía el poder de curar todo tipo de problemas. Un día recibió la visita de un comerciante de una ciudad cercana. Éste contó a Baal Shem Tov sus problemas, con la esperanza de recibir en ese momento una bendición que aliviara su aflicción. En vez de eso, Baal Shem Tov le dijo que viajara a la pequeña ciudad de Trusti y que preguntara por un hombre llamado Eliezer ben Zerah.

El comerciante quedó desconcertado con el consejo. «¿Trusti? Trusti está a tres días y tres noches por un camino muy malo.

¿No puedes solucionar mis problemas aquí?» Pero Baal Shem Tov insistió: «Ve a Trusti y pregunta por Eliezer ben Zerah. Él te ayudará». A regañadientes, el comerciante obedeció.

El viaje a Trusti era largo, en efecto. Durante el camino, el comerciante tuvo mucho tiempo para pensar en todas las posibles razones por las que Baal Shem Tov lo había mandado a una expedición tan incómoda. «Si Baal Shem Tov me manda con él», pensó, «este Eliezer ben Zerah debe ser un gran hombre». Y si es un gran hombre, *debe* ser rico también. ¡Claro! ¡Ésa es la razón por la que voy a verlo! ¡Es un hombre rico que me dará dinero para resolver mis problemas financieros! Y si es rico, seguramente debe tener hijos. Y uno de esos hijos es probablemente la pareja perfecta para mi hija, quien cree que ningún hombre es lo suficientemente bueno. Sí, ¡estoy seguro de ello! Ésa es la razón por la que voy a Trusti. ¡Baal Shem Tov es un genio!

El comerciante llegó a la pequeña ciudad de Trusti con grandes expectativas sobre lo que el poderoso Eliezer ben Zerah iba a hacer por él. Saltó del carruaje y dijo al criado: «Eliezer ben Zerah. ¿Dónde vive?» Pero el criado no lo conocía. «¿Cómo es posible que no conozca a Eliezer ben Zerah? Un gran hombre, rico, con hijos, ¡muchos hijos!» Pero el criado sólo encogió los hombros. «No lo conozco. ¿Por qué no le pregunta al carnicero? Él conoce a todo el mundo». Y señaló al comerciante el camino a la casa del carnicero.

Pero el carnicero tampoco conocía a Eliezer ben Zerah. Y peor, tampoco el cartero. Y mucho peor, tampoco el rabino local. «¿Cómo es posible?», gimió el comerciante. «El gran Baal Shem Tov en persona me envió aquí a preguntar por Eliezer ben Zerah. Se suponía que iba a ayudarme». El rabino se mostró comprensivo. «Mire», dijo, «una de las mujeres de mi congregación tiene más de cien años, pero sigue muy, muy lúcida. Ella ha vivido aquí toda su vida y conoce toda la historia de Trusti y a todos los que han vivido alguna vez en la ciudad. Si alguien sabe de este Eliezer ben Zerah, es ella».

El rabino llevó al comerciante con la anciana y le preguntaron sobre Eliezer ben Zerah. Por la expresión en el rostro de ella supieron que el nombre le era conocido. «¿Eliezer ben Zerah?», dijo. «Sí, sí», contestó el comerciante, emocionado por haber encontrado finalmente a alguien que lo conocía. La anciana se puso de pie, se acercó al comerciante y lo miró directamente a los ojos.

—Era el peor —dijo antes de escupir en el piso—. ¡Era una basura! Le pegaba a su esposa, le pegaba a sus hijos, era un vago, maltrataba a sus animales, bebía, golpeó al rabino. Todos lo odiaban, nunca hizo algo bueno en toda su vida. No quiero ni hablar de él. Cuando murió, la mitad del pueblo lo celebró.

—¿Murió? —dijo el desconcertado comerciante—. ¿Cuándo?

—Hace cincuenta y siete años —contestó la mujer—. Por eso nadie lo recuerda.

El comerciante estaba realmente furioso. Él había esperado que todos sus problemas se resolvieran, recorrió ese camino sólo para encontrarse con que la persona, que se supone debería ayudarlo, no sólo era un borracho perdido, sino que había muerto hace cincuenta y siete años. Durante el regreso a Medzhibozh le dio vueltas y vueltas al asunto, cuando llegó con Baal Shem Tov, el comerciante estaba muy, muy enojado.

—¿Qué clase de broma es esta? —gritó—. ¿No sabe que soy un hombre muy ocupado? Fui hasta Trusti para nada. ¡Me hizo perder mi tiempo! ¿Se suponía que este Eliezer ben Zerah iba a ayudarme? No recibí dinero, no tiene hijos para mi hija, ni siquiera obtuve una bendición. El hombre está muerto.

Baal Shem Tov esperó a que el comerciante se calmara, y entonces dijo:

—Nunca hablé de dinero ni de hijos, pero sí recibiste una bendición.

—¿Cuál bendición? ¿Cómo recibir la bendición de un muerto?

—¿Cuántos años tienes? —preguntó de repente Baal Shem Tov.

—¿Que cuántos años tengo? Tengo cincuenta y seis. ¿Qué tiene que ver mi edad con todo esto?

Entonces Baal Shem Tov dijo:

—Quiero que sepas que en tu vida anterior tú eras Eliezer ben Zerah. Después de saber lo terrible que fuiste en tu última encarnación, debes agradecer al Creador todos los días por darte tanto en esta vida. Todos tus problemas actuales son resultado de tu comportamiento de entonces. Créeme, aunque eras muy malo pudiste haber sido mucho peor. La bendición es que sepas que tienes otra oportunidad a pesar de lo que hiciste la última vez.

## Aproveche su tiempo

Cuando venimos a este mundo recibimos *exactamente* el tiempo necesario para completar nuestro trabajo espiritual. Cada uno de nosotros tiene tareas específicas que realizar, seguramente sus tareas y las mías son distintas, la Cábala asegura que nuestra transformación puede completarse en el curso de una vida. Tenemos el tiempo suficiente si no lo perdemos. Cuando comprendemos la magnitud de nuestra tarea sabemos que no debemos aflojar el paso nunca, ni ser nunca complacientes con el trabajo espiritual.

Si un atleta sabe que necesita correr sólo una milla al día, sin duda se tomará su tiempo, incluso puede que vaya a ver una película antes de ir a correr, pero si sabe que su entrenamiento requiere una carrera diaria de veinte millas, esta responsabilidad se convertirá en el principio organizador de su día y en la experiencia central de su vida. Lo mismo puede decirse de nuestro trabajo espiritual, no tenemos tiempo de sobra, y debemos construir nuestra vida a través del enfoque necesario para lograr la transformación.

Desgraciadamente, la mayoría de nosotros no aprovechamos bien nuestro tiempo. La vida cotidiana nos distrae de nuestro propósito más elevado, al pasar de los años alcanzamos parte de nuestra transformación, o quizá no. El hecho es que la mayoría abandonamos esta vida sin completar la tarea que venimos a realizar, es más posible que nos hayamos movido en dirección contraria a la Luz del Creador.

**La Cábala enseña que regresaremos a este mundo a través de diversas encarnaciones hasta lograr la transformación completa.**

El trabajo que quedó incompleto en esta vida se acumula en una vida futura, hasta que la tarea de la transformación se termina. La reencarnación es una tesis fundamental de la Cábala, el mundo y nuestro papel en él no pueden entenderse sin este principio básico.

Como siempre, lo que es cierto para un alma humana es cierto para toda la humanidad. Mientras que usted o yo no logremos la transformación, continuaremos siendo parte del ciclo de nacimiento, muerte y renacimiento, así, hasta formar la masa crítica de personas verdaderamente iluminadas que erradicarán el dolor y la muerte para siempre.

La posibilidad de la reencarnación no constituye un permiso para ignorar nuestras responsabilidades espirituales en esta vida. Por el contrario, la reencarnación debe ser un incentivo para completar nuestras tareas espirituales tan rápido como sea posible, para ocuparnos del trabajo de transformación y vivir vidas en las que seamos capaces de compartir y mostrar más compasión. Sólo de este modo podremos bajarnos de la rueda de la llegada y la salida del mundo, y liberarnos del dolor que esto conlleva.

En el siguiente capítulo aplicaremos las herramientas de la Cábala para establecer una relación con el Creador, y en secciones posteriores para mejorar nuestra vida cotidiana. Por el momento, asegúrese de entender el paradigma de la Luz y la Vasija y las demás ideas que hemos presentado hasta ahora. Puede ser útil revisar estos primeros capítulos antes de continuar leyendo. Repito: explicar las ideas con sus propias palabras a un amigo o a algún familiar le ayudará a aclarar su propio entendimiento. También puede escribir un breve resumen de los conceptos y consultar el libro cuando sea necesario. En cualquier caso, recuerde que el fundamento de la Cábala es el *espíritu*. Todo lo que ocurre en el mundo físico es reflejo del progreso de nuestras almas en el camino hacia la unidad con Dios.

Con esto podemos analizar más detalladamente lo que significa vivir en completa conciencia de la presencia del Creador y del amor del Creador.

# Capítulo 5
# Establezca una relación con el Creador

Transformar el deseo de recibir para nosotros en deseo de compartir, es la tarea más difícil que se nos ha impuesto. Recuerde: cada acción positiva que realizamos, cada pensamiento empático que cruza nuestra mente, cada emoción de amor y generosidad que emana del corazón, da lugar a la Luz y nos acerca al Creador.

Incluso acciones aparentemente insignificantes en las que mostramos empatía y compartimos, son muy significativas. El principio cabalístico dicta: lo que parece pequeño en el reino físico frecuentemente resulta grande en la dimensión espiritual; lo que está oculto en el mundo físico puede ser visible en el mundo superior. Así como las partículas atómicas infinitamente pequeñas contienen enormes fuentes de energía, los pensamientos, actos y sentimientos positivos ocultos son de un valor espiritual supremo. Por el contrario, incluso las expresiones mejor camufladas de egoísmo o falta de sensibilidad, nos alejan de la Luz y nos acercan al caos, el dolor y la muerte.

Ahora que usted asume su viaje de transformación con plena conciencia de los obstáculos y las oportunidades, hay una verdad que debe plantearse seriamente.

**Debe darse cuenta y aceptar que necesita
urgentemente la ayuda del Creador.**

El ego nos dice que estamos solos en el mundo, que podemos y debemos hacer todo por nosotros mismos. El ego busca distanciarnos de la Luz del Creador, incluso, negar la existencia de la Luz. Es entonces cuando reconocer nuestra necesidad de ayuda del Creador puede ser un gran paso en la dirección correcta. Éste es el primer síntoma de que no estamos solos, el primer paso para establecer una relación con el Creador, y la primera grieta en la concha del ego que aprisiona la Luz que habita dentro de nosotros. Cuando reconocemos que necesitamos la ayuda de Dios dejamos un espacio libre del ego dentro de nosotros. La Cábala describe esto como *crear una Vasija dentro de la cual la Luz pueda fluir,* y mientras mayor sea nuestra conciencia de la necesidad de ayuda, más somos capaces de recibir.

## Un gran regalo bien disfrazado

Hace muchos años un pequeño empresario llamado Nathan se encontró en terribles aprietos financieros. Estaba muy endeudado y debido a la necesidad de cubrir los gastos de su familia tenía que pedir dinero prestado. Finalmente las fuentes de dinero prestado se acabaron, no contaba con nadie y tenía que seguir pagando intereses sobre lo que había pedido antes. Como respuesta, Nathan decidió reducir sus horas de sueño a la mitad para poder trabajar el doble de tiempo, hizo lo mismo con la comida, todo para ahorrar dinero. Empezó por poner un anuncio de su negocio en el periódico local, al no obtener respuesta salió a la calle a repartir volantes en los que anunciaba sus productos y servicios. Sin embargo, tampoco funcionó. Los acreedores tocaban a la puerta de Nathan, él estaba desesperado. Finalmente fue con el gran cabalista Rabí Yehuda Ashlag en busca de consejo.

Rabí Ashlag escuchó la historia de Nathan y luego dijo:

—Dices que has intentado todo. ¿Estás seguro de ello?

Nathan dudó por un momento.

—Sí, estoy seguro— contestó.

—Bueno —dijo el rabino—. Me gustaría que te tomaras unos minutos y consideraras si hay algo más que pudieras hacer para solucionar tu problema. Piensa en ello con todas tus fuerzas.

Nathan cerró los ojos y pensó con todas sus fuerzas. ¿Había algo más que pudiera hacer para solucionar sus problemas? ¿Había alguna piedra sin levantar? No, concluyó con tristeza. Hizo todo y nada funcionó. Así de simple.

Miró a Rabí Ashlag y movió la cabeza de un lado a otro.

—Creo sinceramente que he agotado todas las posibilidades —dijo Nathan.

Para su sorpresa, Rabí Ashlag no mostró señales de aflicción. Más bien sonrió y dijo:

—En ese caso has recibido un gran regalo, porque ahora puedes rezar, rezar de verdad, desde el fondo de tu corazón, para que el Creador venga en tu ayuda.

¿Por qué es tan difícil para las personas pedir ayuda a Dios? Al menos en la sociedad contemporánea, la idea de que debemos resolver nuestros problemas por nosotros mismos parece estar inscrita en nuestro comportamiento. Esto no siempre fue así. A lo largo de la historia, incluso los líderes más poderosos se preocupaban por solicitar la ayuda divina para sus empresas, y ello no disminuía su estatura. Pero actualmente muchas personas no creen necesitar de intervención ajena al mundo físico, ni encuentran utilidad en mantener sus egos a raya si piden esa ayuda.

En los Centros de la Cábala de todo el mundo cantamos semanalmente, durante la tercera comida del Shabat, la canción hebrea «Yedid Nefesh», «Amor de mi alma». Es una canción hermosa, aunque no es la única razón por la que la cantamos. La letra de «Yedid Nefesh» nos recuerda que no podemos hacerlo solos. No podemos alcanzar el propósito de nuestra vida sólo con la fuerza del ego. Darse cuenta de que necesitamos ayuda puede ser un proceso difícil, pero como señaló Rabí Ashlag en la historia anterior, también es un gran regalo. Dar el primer paso para reconocer que necesitamos la ayuda del Creador resulta una experiencia liberadora.

## Pídala

El siguiente paso es pedirla. Esta herramienta consiste en reconocer que existe un poder superior a nosotros y en alejarnos de la existencia basada en el ego. Pero *pedir* es más que simplemente *necesitar*. Pedir representa un paso proactivo en nuestra relación con el Creador. Esto es parecido a la relación entre un hijo y un padre amoroso, un niño pequeño siente la necesidad de ayuda, pero sólo es capaz de pedirla conforme empieza a crecer. Nosotros somos como niños que necesitamos urgentemente la ayuda de nuestro padre, y nuestro padre desea más que nada lo mejor para nosotros. Mientras más directo, más personal, más íntimo se hace el lazo con el Creador, más promesas encierra. La Cábala nos enseña a *caminar con Dios todos los días*, una frase que se deriva de la primera línea del Código Judaico de la Ley, que establece: «coloca a Dios frente a ti siempre».

Esto no es sólo una metáfora. El Creador en verdad está con nosotros, desde que nos levantamos por la mañana hasta que nos dormimos en la noche. Una vez que asumimos esta idea podemos acercarnos a la coparticipación completa e igualitaria en la creación, lo que constituye un principio esencial de la Cábala. Cada uno de nosotros tiene el potencial para convertirse en coparticipe igualitario, y el plan del Creador desde el principio de los tiempos es que desarrollemos ese potencial.

La coparticipación implica además el derecho de poner en duda, de interceder y de influir en las decisiones. Conforme nos transformamos y revelamos la Luz que está oculta dentro de nosotros, nuestra relación con Dios madura y nuestra influencia aumenta. Lo que empieza como una sencilla relación padre-hijo se convierte en una coparticipación en la que adquirimos todos los derechos y responsabilidades que la unión exige. Todo inicia cuando reconocemos que no estamos solos y que es un error actuar como si lo estuviéramos. Así como toda gran obra tiene un arquitecto, nuestro mundo cuenta con el suyo. Hay una historia en el Talmud que ilustra esta idea.

## El arquitecto

Cierta vez un ateo fue con un gran sabio. Empezó a decirle que no creía en Dios, no estaba seguro de en qué creer, pero no concebía que un ser hubiera hecho este mundo.

Pocos días después el sabio fue a la casa del hombre y le llevó una hermosa pintura. El ateo la observó y se sintió sobrecogido. Era la obra más exquisita que había visto en su vida.

—Esta pintura es bellísima. ¿Quién es el artista? —preguntó al sabio.

El sabio contestó:

—¿Artista? ¿Cuál artista? Ningún artista pintó esto. Simplemente tomé unos cuantos colores, salpiqué con ellos el lienzo, y el resultado es lo que tienes ante tus ojos.

El hombre se echó a reír.

—Debes estar bromeando. ¡Eso es imposible! Es una obra de arte bellísima, las curvas son perfectas, las líneas son exactas, los colores son hermosos. La combinación correcta no pudo haber ocurrido simplemente por arrojar los colores sobre el lienzo. Debe haber un concepto detrás de esta magnífica obra de arte. Debe haber un artista que planeó la pintura, que creó esta obra de arte.

El gran sabio sonrió y dijo al ateo:

—No puedes aceptar que esta obra de arte fuera creada al azar y sin concepto, sin un artista. No obstante quieres que acepte que este hermoso mundo, con sus océanos, sus bosques y árboles, con sus estaciones perfectas y los seres que habitan esta Tierra nacieron sin un Creador, sin concepto, sin premeditación.

## Cuando crea en la Luz la recibirá

Cada uno de nosotros tiene el poder de cambiar el mundo, porque todos llevamos una chispa del Creador en el centro de nuestro ser. De hecho, la cantidad de Luz que irradiamos depende de nuestra comprensión del poder que tenemos para reconocerla. La Luz no es un asunto del que se pueda decir *creeré cuando la vea*. Más bien *cuando crea la recibirá*. Ésta es una diferencia significativa con nuestra experiencia en la vida diaria. Si usted entra a una habitación oscura y enciende el interruptor de la luz, la habitación siempre se llenará exactamente con la misma cantidad de luz, sea que usted entienda el funcionamiento de la electricidad o no. En el reino espiritual, por otra parte, nuestra *comprensión* del potencial de una acción regula la cantidad de Luz que se manifiesta. Nuestra conciencia y comprensión del poder de las acciones son inseparables de la acción misma. Cuando cuestionamos nuestra capacidad de revelar la Luz del Creador, cuando menospreciamos nuestra importancia espiritual en el mundo, activamos una profecía que se confirma a sí misma.

## Nunca es demasiado tarde

Cuando las personas empiezan a aprender los principios de la Cábala, con frecuencia sienten que han hecho demasiadas cosas malas en su vida para poder transformarse y establecer un vínculo con el Creador. La verdad es que esto es lo que *quieren* creer. Así evitan aceptar la necesidad de un cambio positivo.

Así pueden abdicar a la responsabilidad de transformarse, que es el auténtico propósito de la vida. El reconocimiento de este proceso es uno de los descubrimientos psicológicos más profundos de la Cábala, el aparente odio a uno mismo es en realidad otra cara del egoísmo.

La chispa del Creador está dentro de nosotros y siempre es pura. Si usted toma una moneda y la sostiene frente a uno de sus ojos de la manera correcta, fácilmente puede tapar el sol. ¿Pero es la moneda más grande o más poderosa que el sol solamente porque puede ocultar su luz? La moneda no apaga el sol, sólo lo oculta. Del mismo modo, nuestras acciones negativas sólo ocultan la Luz que está en el interior, pero nosotros podemos sentir que la Luz se ha ido para siempre. Sin embargo, no hay oscuridad más grande que la Luz del Creador que habita en el centro de nuestro ser. Mientras vivamos tendremos esta Luz divina dentro, brillando con tal intensidad como el día en que nacimos. No importa qué tan oculta esté, la Luz permanece ahí esperando que la revelemos. *Nunca* es demasiado tarde.

## Más alto que los ángeles, más bajo que los gusanos

De toda la creación, sólo la humanidad debe *elegir* conectarse con la Luz del Creador. El sol, la luna, las estrellas, las plantas y los animales se comportan como se les ordenó desde el principio de los tiempos. Sólo nosotros contamos con libre albedrío para hacer exactamente lo que elijamos. Si no estamos cien por ciento conectados con la Luz es porque no queremos, si nos desconectamos de la Luz del creador, si decidimos vivir de manera egoísta e interesada, explotamos el potencial de hundirnos por debajo de los gusanos; si hacemos lo contrario, ejercemos el poder de elevarnos más alto que los ángeles.

Lo que nos separa del resto de la creación no es la inteligencia ni el lenguaje ni la capacidad de utilizar herramientas. Somos las únicas criaturas del mundo que pueden decidir el lugar que ocupan en la creación. Está en nosotros elegir la transformación o el no optar por el bien con sus recompensas o el mal con sus consecuencias.

Una historia relatada por Baal Shem Tov expresa convincentemente las enseñanzas de la Cábala con respecto al juicio del Creador y a la naturaleza del castigo por nuestras faltas.

## El infierno interior

En un país lejano vivía un hombre, Viktor, que estaba muy molesto con la manera en que se gobernaba el reino. El rey promulgaba una ley tras otra, un edicto tras otro, y sin embargo nadie sabía cuál era el origen de esos decretos ni cuál su propósito. De hecho, nadie había visto jamás al rey. No obstante había sospechas de que éste se abandonaba todo el día a los placeres, mientras sus súbditos luchaban por vivir de acuerdo con sus cambiantes leyes.

Finalmente Viktor decidió tomar medidas contra lo que él consideraba una tiranía. Como no podía llegar al rey en persona decidió poner una bomba debajo de una estatua que representaba al rey con el fin de manifestar su molestia.

Ocurrió, sin embargo, que varios soldados del rey atestiguaron este acto simbólico de violencia. Cuando dieron parte al rey de lo que vieron, éste ordenó inmediatamente el arresto de Viktor. Y aunque Viktor negó inmediatamente haber volado la estatua, fue esposado y llevado al palacio del rey. Ahí lo metieron en una habitación vacía a esperar su destino.

Viktor estaba seguro de que lo iban a ejecutar o a encarcelar, pero algo increíble sucedió. Apareció un guardia y le dijo:

—El rey ha ordenado que se le ofrezca un empleo en los jardines reales. Puede empezar a trabajar de inmediato.

Viktor recibió un rastrillo y un azadón y fue a trabajar a los jardines del rey. No era un mal empleo. De hecho era bastante agradable, especialmente porque Viktor recibió una pequeña casa y tres abundantes comidas al día. Así pasó casi un año. Cierto día un guardia interrumpió a Viktor.

—¿Aún niega haber volado la estatua del rey?

—Sí, lo niego —dijo Viktor, seguro de que el buen trato que había recibido era para ablandarlo.

—En ese caso —dijo el guardia—, el rey ha ordenado que se le promueva. A partir de hoy usted trabajará en el palacio. Esto significa más dinero, más autoridad y más poder. El rey lo ordena.

Viktor se trasladó al palacio, donde fungió como supervisor de docenas de trabajadores en toda clase de actividades. Sin embargo, seguía pensando que las cosas iban a cambiar en cualquier momento. Estaba seguro de que sobrevendría el castigo por haber volado la estatua, especialmente si confesaba. Pero en vez de esto, recibió más promociones. Un guardia aparecía después de pocos meses y le preguntaba si había dañado la estatua.

Viktor lo negaba, y la situación mejoraba cada vez más. La verdad era que vivía mucho mejor que antes de ser arrestado.

El último paso fue el más inesperado de todos. Viktor fue ubicado en el círculo de consejeros del rey. Aunque antes pensaba que el rey dedicaba todos los días a pasatiempos hedonistas, ahora comprobaba las pesadas responsabilidades y difíciles decisiones que implicaba gobernar. De hecho, Viktor desempeñaba un papel fundamental en la toma de dichas decisiones. Sus ideas afectaban a todo el reino, el cual, por cierto, seguía tan descontento como siempre. En ocasiones perdía completamente la fe en las personas gobernadas. ¿Por qué no entendían lo difícil que es gobernar? A veces pensaba en dejar que el ejército se encargara de ellos, pero Viktor recordaba que ¡así se sentía con respecto al rey antes de su arresto!

Durante todo ese tiempo había negado que colocó la bomba en la estatua. Aunque se sentía terriblemente culpable por haberlo hecho, su negación había cobrado vida propia. Viktor pensaba que aunque quisiera ya no podría admitir su acto, no después de haberlo negado por tanto tiempo.

Entonces llegó un día en que Viktor se encontró a solas con el rey.

—Imagino que estará sorprendido con el curso que han seguido las cosas desde su arresto —dijo el rey—. No ha sido lo que esperaba, ¿o sí?

Viktor negó con la cabeza.

—No —contestó—. Ha sido exactamente lo opuesto.

—¿Pero ha sido feliz aquí? —preguntó el rey.

Viktor dudó. Por un lado, su vida nunca había sido mejor. Tenía más comodidades materiales que las que había soñado.

¿Pero cómo se sentía realmente en su interior? Tan mal como nunca antes. Mientras más lo recompensaba el rey, más culpa sentía por lo que había hecho. Para ese momento el sentimiento era insoportable.

Viktor rompió en lágrimas.

—No —dijo—. Ha sido horrible. Nunca me había sentido peor, ni siquiera cuando no tenía nada. ¡Ha sido un infierno!

El rey escuchó atentamente.

—Sí —dijo—. Eso es exactamente, porque el infierno no es un lugar físico, ni en este mundo ni en el siguiente. El infierno es una dimensión interior. Es un distanciamiento de la verdad, que crece conforme ésta se hace más clara. Pero así como la entrada al infierno está dentro de nuestros propios corazones, así también está la salida.

En ese momento Viktor confesó su ataque a la estatua, y tan pronto como lo hizo, el dolor que provenía de su conflicto interno se desvaneció. El infierno que se había formado en su corazón se transformó en el paraíso.

¿Qué fue lo que cambió? Viktor no emergió de algún Hades subterráneo ni ascendió a un Cielo paradisiaco. El único cambio tuvo lugar dentro de él.

Desde la perspectiva cabalística esta historia es muy buena por varias razones: en primer lugar, como alegoría presenta una interpretación más aguda de la justicia del Creador de lo que mucha gente imagina. La Cábala enseña que esto es similar al juicio que cada uno de nosotros enfrentaremos cuando dejemos el mundo físico. A pesar del tono dramático que se da a estos juicios en las historias populares, la Cábala dice que no esperemos encontrar un tribunal severo o una balanza en la que nuestras buenas obras sean pesadas con las malas. De hecho, cualquier juicio vendrá de nosotros mismos, porque al final de nuestras vidas simplemente se nos muestra todo lo que pudimos lograr en el mundo. Se nos enseña nuestro potencial junto con nuestros logros reales. Vemos lo que *llegamos a ser* comparado con lo que *pudimos haber sido*.

## El caos y el significado de los ángeles

Durante los últimos veinte años la teoría del caos se ha desplazado de los pizarrones de los teóricos al vocabulario popular. En concreto, el llamado efecto mariposa ha seducido nuestra imaginación. En términos sencillos, este principio establece que en un sistema suficientemente complejo, una turbulencia de pequeña magnitud puede amplificarse hasta producir resultados a gran escala. El aleteo de una mariposa en Pekín puede manifestarse como un tornado en Tulsa.

Éste es un descubrimiento con gran resonancia en la Cábala, pero para entender bien este principio debemos expresarlo de manera distinta. La teoría del caos enseña que podemos predecir acontecimientos futuros en circunstancias complejas sólo si conocemos todo lo que influye a las circunstancias, hasta el último detalle, lo cual es prácticamente imposible. La Cábala nos dice también que tal vez nunca conozcamos los resultados últimos de nuestras acciones —o incluso de nuestros pensamientos—, pero que es seguro que esos resultados serán mucho más poderosos de lo que hubiéramos imaginado. Y más aún: esos resultados no sólo se manifiestan en el mundo físico sino también en los reinos del más allá.

Un pasaje del Zohar explica que somos como maravillosas marionetas cuyos hilos nos conectan con innumerables mundos sobrenaturales. Pero en vez de que esos hilos nos controlen, *nosotros* los controlamos a ellos. Nuestras acciones en el mundo influyen en los mundos espirituales que están sobre nosotros. Un sencillo acto de generosidad permite que ésta fluya abundantemente en nuestro nivel de experiencia, lo que permite a otros actuar con generosidad también.

Al entender nuestros pensamientos, sentimientos y actos como conexiones con el reino espiritual, la Cábala nos revela el poder que tenemos todos y cada uno de los seres humanos para influir en el mundo. Cada acto que realizamos abre o cierra las puertas celestiales del valor y la caridad, la misericordia y el amor y de todas las demás cualidades. Nuestras acciones controlan directamente su manifestación en el mundo.

Es más, los cabalistas nos dicen que estas manifestaciones son seres divinos: ángeles por derecho propio. Igual que las partículas subatómicas que describe la física moderna, los ángeles son concentraciones de energía que aparecen y desaparecen constantemente. Nosotros los creamos a través de nuestras acciones, nuestros pensamientos y nuestros sentimientos, y podemos borrarlos del mismo modo. Los ángeles positivos que nacen de las acciones justas trabajan en nuestro favor, mientras que los ángeles negativos entorpecen el camino hacia la transformación.

Aunque en la Cábala hay categorías distintas y más elevadas de ángeles —que incluyen a Miguel, Rafael y Gabriel, quienes se le aparecen a Abraham en el capítulo 18 del Libro del Génesis— la idea de que nosotros creamos nuestros propios ángeles es una enseñanza cabalística básica. Estos ángeles no son seres de túnica blanca, alas y aureola. Son la expresión directa de lo que está en nuestros corazones y en nuestras mentes. Estos ángeles influyen directamente en nuestra experiencia del mundo, y nosotros los originamos.

De esto se desprende que debemos aceptar la responsabilidad de todo lo que encontremos en el mundo, incluso de las cosas que más nos afligen. Por más difícil que parezca es necesario aceptar que somos hasta cierto punto responsables de cualquier sufrimiento, sin importar qué tan alejado parezca de nuestras vidas. Debemos asumir que si fuéramos mejores personas, muchas cosas no ocurrirían.

**Por esto debemos ser mejores, ¡desde este momento!**

Muchos principiantes se sorprenden e incluso se ofenden cuando conocen este principio. Se preguntan cómo pueden ser responsables de cosas malas que están ocurriendo al otro lado del mundo, o incluso de cosas que ocurrieron hace cientos de años. Como sucede frecuentemente, esto se debe a que ponemos atención en el lugar equivocado. La Cábala contiene las respuestas a estas preguntas. En el Zohar y sus comentarios hay discusiones detalladas sobre por qué las nociones cotidianas del tiempo y el espacio no son pertinentes en asuntos de espiritualidad. Pero lo importante es esto: es mejor *para su propia alma* aceptar la responsabilidad de todo lo que vea, pueda o no articular una explicación lógica de esa responsabilidad. Usted estará más cerca de la realización si piensa menos en los cómos y los por qué, y más en lo que puede hacer en este momento para revelar la Luz en el mundo. La realización de su auténtico propósito en la vida estará más cerca si acepta la idea de que hasta un pequeño acto de generosidad puede amplificarse a través del mundo y cruzar las fronteras del tiempo. Para utilizar una frase que aparece una y otra vez en la Cábala, *ésta es una ley espiritual*. La ley está en vigor independientemente de que podamos entenderla o explicarla.

Un principio de la mecánica cuántica enseña que un electrón puede estar en dos lugares al mismo tiempo, incluso en lugares opuestos del universo. Se ha desarrollado una compleja terminología matemática para explicar esto, ¿pero quién puede hacerlo en términos comunes? Y sin embargo ese principio afecta el estado de nuestro ser en los niveles más fundamentales, independientemente de que lo aceptemos, lo entendamos o lo conozcamos.

Lo mismo sucede con el poder de nuestras acciones e influencias, y debemos darnos cuenta de que también somos receptores de ellas. Nuestra capacidad para vivir positiva y proactivamente depende de los actos de los demás, tal vez en lugares lejanos, tal vez incluso en otras épocas. De hecho, toda nuestra generación está construida con base en el trabajo espiritual realizado antes. Al encontrar nuestro rumbo en el camino hacia la transformación, debemos dar gracias a nuestros predecesores por despejar la senda.

## Sin el Creador somos menos que nada

A veces, cuando comprendemos la influencia directa que ejercemos en los Mundos Superiores, el ego se manifiesta de otras maneras. Podemos felicitarnos por el duro trabajo realizado o por el bien que traemos al mundo. Pero la Cábala nos dice que para que la Luz del Creador se revele en y a través de nosotros debemos tener humildad.

Sin humildad nos distanciamos de los demás, nos ponemos por encima de ellos. Es como cerrar el suministro principal de agua de una casa: no importa cuántas llaves intente abrir en el interior, no saldrá agua porque el suministro principal está cerrado. No importa lo positivas que puedan ser nuestras acciones, la falta de humildad cierra el acceso a la Luz y disminuye nuestra capacidad para beneficiarnos o para beneficiar al mundo. Igual que el agua, la Luz del Creador busca mantener el nivel más bajo. Cuando nos elevamos sobre los demás nos salimos de la Luz, y mientras más nos elevemos, menos Luz hay disponible para nosotros.

De acuerdo con la enseñanza cabalística, la humildad es el conocimiento de que nada de lo que tenemos es nuestro.

Nuestra inteligencia, nuestra riqueza, nuestra belleza e incluso nuestra grandeza espiritual pertenecen realmente a esa parte de nosotros que fue extraída de la gran montaña del Creador.

**Humildad es la conciencia de que sin el Creador somos menos que nada**.

A fin de cuentas, la clave es el equilibrio. Necesitamos ser conscientes de nuestra grandeza, y necesitamos reconocer que la verdadera fuente de ella reside en la conexión con la Luz.

Cortar la negatividad cuando se quiere manifestar es más fácil que manejarla una vez que está presente. Con frecuencia recibimos mensajes que son como cuerdas de salvamento que nos arroja el Creador. Si nos asimos a ellas podemos escapar de la negatividad. A veces estas cuerdas de salvamento son sucesos en nuestras vidas; otras, sensaciones intangibles de toma de conciencia que se manifiestan en nuestra alma. Si estamos lo suficientemente alertas para aprovechar estas oportunidades de huír de la negatividad podremos evitar otras distracciones.

Pero incluso las experiencias dolorosas tienen una finalidad espiritual positiva. Ésa es la moraleja de la siguiente historia.

## Ángeles Oscuros, Ángeles Luminosos
## y Ángeles Grises

Había una vez un empresario llamado Joseph que tenía problemas en todas las áreas de su vida. Su negocio se iba a pique, su hijo mayor quería ser músico y, lo peor de todo, padecía una dolorosísima gota en el pie que ningún doctor de la localidad había podido curar. Incapaz de comprender por qué le pasaban todas estas cosas, decidió pedir la opinión del gran erudito y cabalista que vivía en la ciudad aledaña Rabí Shalom Sharrabi.

De camino a la ciudad de Rabí Sharrabi, Joseph se sintió peor que nunca: no pudo dormir, le dolía el pie y su carruaje era frío e incómodo, pero tenía la certeza de que si alguien podía ayudarlo era Rabí Sharrabi, quien podía ver los significados ocultos en los acontecimientos de la vida cotidiana. Tan pronto como el carruaje se detuvo, el empresario se dirigió directamente a la casa de Rabí Sharrabi. Ahí fue recibido por la esposa del rabino, quien lo invitó a sentarse en la sala. La mujer le dijo que el rabino estaría con él en un momento, le ofreció un vaso de té y salió de la habitación. Joseph se sentó en un sillón acojinado, mucho más cómodo que la dura banca del carruaje que lo llevó hasta allí. El sillón era tan cómodo que se quedó dormido y soñó.

En su sueño, Joseph caminaba por un sendero hacia un pequeño pueblo. Lo rebasó una caravana de carruajes, coches y carretas cubiertas que se dirigían apresuradamente hacia un pueblo que estaba más adelante. Joseph no pudo ver quién viajaba en los carruajes y los coches, pero vio que todos los vehículos tenían un letrero pintado en su costado. Los letreros decían cosas como «palabras ofensivas», «trampa en el juego de cartas», «negocios turbios» o «verdad distorsionada». Joseph estaba intrigado con los letreros, y siguió a los carruajes hasta la plaza del pueblo. Todos los vehículos que lo rebasaron en el camino se encontraban estacionados en la plaza, junto con otros que —aparentemente— habían llegado antes. En el centro de la plaza había una gran balanza.

Todo era extraño, pero no tanto como lo que Joseph vio en seguida. De los carruajes y los coches salía una multitud de seres de otro mundo que Joseph reconoció inmediatamente como Ángeles Oscuros. Todos se dirigían hacia la balanza.

Joseph estaba asustado, pues había oído que un Ángel Oscuro se forma cada vez que uno actúa de manera negativa. Además, los letreros de los carruajes de los que habían bajado los Ángeles Oscuros de repente le resultaron muy familiares. Se dio cuenta de que los letreros de cada uno de los carruajes y carretas representaban las cosas que él había hecho, no sólo una vez, sino varias veces. Súbitamente cayó en cuenta de que cada Ángel Oscuro representaba un acto negativo de su vida, y de que lo que estaba presenciando era su propio juicio. Todos los ángeles se subieron a uno de los platos de la balanza.

—Pero seguramente he hecho algunas buenas obras en mi vida —pensó Joseph para sí—. ¿Por qué sólo veo Ángeles Oscuros?

En efecto, más coches y más carruajes entraron a la plaza. Estos también llevaban letreros, los cuales decían cosas como: «alimentar al pobre», «sinceridad», «compartir con amigos» o «dar a extraños». Y Joseph reconoció también estos letreros. Con alivio observó que los Ángeles Luminosos —seres que se habían formado por sus acciones positivas en el mundo— saltaban de los carruajes y se dirigían hacia el otro plato de la balanza. Gradualmente empezaron a hacer contrapeso a la presencia negativa, pero no demasiado, pues había muchos más Ángeles Oscuros que Ángeles Luminosos. Joseph estaba desesperado. Sabía que su destino estaba en la balanza.

Entonces arribaron a la plaza unos cuantos carruajes más. Éstos llevaban letreros que decían «dolor de muelas», «sufrimiento», «pena», «luto» y «gota», y de estos vehículos salieron Ángeles Grises. Joseph nunca había oído hablar de los Ángeles Grises, pero comprendió por los letreros que representaban todo el dolor y el sufrimiento que padecía en su vida. Sin embargo no tenía idea de a qué plato de la balanza subirían.

Cuando se dirigieron al plato Oscuro, Joseph sintió que se lo tragaba la tierra. Pero en vez de subir al plato del lado Oscuro de la balanza, cada Ángel Gris agarraba a un Ángel Oscuro, lo bajaba y se lo llevaba. Con cada Ángel Oscuro que se llevaban los Ángeles Grises, el peso del plato positivo se equilibraba más y más con el negativo, pero Joseph veía que no eran suficientes Ángeles Grises para retirar a todos los Oscuros. Lo peor de todo es que no arribaban más carruajes a la plaza. Desesperado, Joseph miró al cielo y gritó:

—¡Por favor! ¡Mándame más dolor y sufrimiento!

Justo en ese momento la esposa de Rabí Sharrabi despertó a Joseph y le dijo que el rabino lo iba a atender ahora.

—Eh... Gracias, pero no será necesario. ¡Ya me siento mucho mejor! —balbuceó Joseph, y regresó a su hijo músico, a su negocio en picada y a su gota.

En la Cábala, la verdad pocas veces es lo que parece. De hecho, frecuentemente es todo lo contrario de lo que parece y el camino aparentemente equivocado es el correcto. Nuestro deseo reflejo de evitar los obstáculos y los retos, por no decir las auténticas dificultades, va en contra de nuestros intereses en los niveles más profundos del ser.

# Capítulo 6
# Las doce leyes
# espirituales del camino

Para la mayoría de nosotros, el tiempo carece de forma física, no es algo que podamos escuchar o sostener en nuestras manos. Sin embargo, la Cábala nos pide que imaginemos cada minuto, cada hora y cada día como seres vivientes. El Creador nos da cada día del mismo modo que da a los padres un hijo. Cada día es un mundo completamente nuevo con energía única, igual que un recién nacido. Como un niño, cada día tiene su potencial único. Lo que podemos hacer hoy no lo podemos hacer mañana. Es cierto que tal vez mañana podamos hacer grandes cosas, pero no podremos hacer las grandes cosas que estaban programadas para hoy.

## 1. Cada día es una oportunidad para transformarnos

La Cábala enseña que cada vez que conocemos a una persona es como si entráramos en un universo distinto. Es una oportunidad de liberarnos del pasado y de comenzar de nuevo. En este sentido, cada nuevo día es también como un ser viviente. Cada día es en verdad una oportunidad para transformarnos.

Cuando entendemos esto, es claro por qué debemos tratar a cada día con responsabilidad y cuidado. ¿Lo llenaremos de Luz, utilizándolo para compartir y para desarrollar nuestro trabajo espiritual? ¿O lo llenaremos de negatividad, egoísmo y oscuridad? Cada día requiere atención a nuestro trabajo espiritual y a la satisfacción de sus necesidades únicas, así como al entendimiento de los mensajes de sabiduría que seguramente traerá consigo.

## 2. Escuche la Voz que viene de lo alto

El concepto de *Bat Kol* (la Voz que viene de lo alto) es muy útil a este respecto. *Bat Kol* es un suave susurro interior que nos invita a acercarnos al Creador. La invitación puede ser algo tan simple como una repentina necesidad de llamar por teléfono a un progenitor anciano, o un impulso para ser voluntario en el refugio para indigentes por el que pasa camino al trabajo. Cada día el *Bat Kol* es diferente, y cada quién escucha una invitación distinta.

El *Bat Kol* es como una señal luminosa que pasa sobre nosotros una vez al día. No aparece en respuesta a ningún deseo, oración ni acción positiva, sino que aparece como un regalo sin condiciones. Representa una gran oportunidad espiritual, sin importar en qué punto estemos en el camino hacia la transformación. Para escuchar esta voz solamente necesitamos estar conscientes y ansiosos por su llegada, como si esperáramos la visita de un amigo. Cuando llega, sólo necesitamos estirarnos y agarrarla. Pero si no sabemos sobre la existencia del *Bat Kol* y no anhelamos su llegada, la señal pasa sin ser vista y la oportunidad se pierde.

**Aquí, como en muchos aspectos de la sabiduría cabalística, la comprensión, la conciencia, el deseo y la intención son equivalentes a acciones positivas en cuanto a que nos acercan a la Luz de Creador.**

## 3. Todos somos espejos

Una y otra vez durante el curso de nuestras vidas nos enfrentamos a acontecimientos negativos (y a personas negativas) que pueden sobresaltarnos y disgustarnos. Puede tratarse de un accidente de tránsito en la autopista, una noticia sobre un terremoto en Turquía o un desconocido en el supermercado que estalla en cólera ante un error trivial del cajero. Cuando vemos estas cosas, casi siempre nuestro primer impulso consiste en erigirnos como jueces y satisfacer nuestro interés personal. Nos preguntamos quién es el culpable del accidente de tránsito y lamentamos la posibilidad de llegar tarde al trabajo. Vemos al hombre furioso, nos preguntamos por qué se habrá enojado tanto, y nos apresuramos al estacionamiento para escapar de la situación. Sentimos que estos acontecimientos son coincidencias desafortunadas, hebras sueltas del tapiz de la vida moderna que tuvimos la mala suerte de presenciar.

Pero la Cábala enseña que *nada* de lo que vemos es casualidad. Todo —en especial los acontecimientos negativos— tiene una razón y un propósito. Lo que es más: en el nivel espiritual todo lo que vemos es un espejo que nos refleja. Un desconocido furioso expresa algo acerca de nuestra ira y nuestra cólera. Un accidente de tránsito revela nuestra falta de sensibilidad hacia la frágil naturaleza de la vida. El horror del terremoto significa la necesidad de prestar mayor atención a nuestro trabajo espiritual para que la tragedia deje de formar parte de la vida.

La negatividad que presenciamos en el mundo no representa una ocasión para que emitamos juicios, es una señal llena de significado que nos envía el Creador para que recapacitemos sobre nuestro camino hacia la transformación. Como dijo Albert Einstein: «Dios no juega a los dados con el universo». Lo que ocurre en nuestras vidas es lo que debe ocurrir; lo que vemos en el mundo es lo que necesitamos enfrentar.

## 4. Confíe en el Creador. *Emunah*

### El rabino y el tren

Era un día insoportablemente cálido en la estación del tren en Odesa, un viejo rabino hacía cola pacientemente con la intención de comprar un boleto para un viaje en tren, entonces apareció súbitamente uno de sus alumnos.

—¿A dónde se dirige, Rabí? —preguntó el alumno.

—A Kiev —contestó el rabino.

Para que el rabino no siguiera esperando en el calor, el alumno se ofreció a tomar su lugar en la cola mientras se sentaba en la sala de espera, más fresca y más cómoda. El rabino aceptó con gratitud el ofrecimiento.

Cuando el alumno llegó finalmente a la ventanilla, casi una hora después, compró un boleto para Kiev y fue a buscar a su maestro. Cuando entregó el boleto al anciano, éste le agradeció y se dispuso a abordar su tren.

De repente el alumno lo detuvo.

—Disculpe, Rabí, pero yo pagué el boleto.

—Sí —contestó el rabino—. Muchas gracias.

Pensando que el rabino no había comprendido, el alumno habló con toda claridad.

—Rabí, como usted sabe, yo soy muy pobre. Esperaba que me reembolsara el valor del boleto.

—Pero —contestó el rabino— yo no tengo dinero.

El alumno se quedó de una pieza.

—¿Estaba haciendo cola para comprar un boleto a Kiev y no tenía dinero para comprarlo?

El rabino asintió como si aquello fuera lo más natural del mundo.

—Necesitaba ir a Kiev pero no tenía dinero, así que decidí pararme en la cola. Entonces, Dios te envió para que me lo compraras.

—Pero ahora ya no tengo dinero para mi boleto —se lamentó el alumno, angustiado.

—Bueno —dijo el rabino—, te sugiero que te formes en la cola.

Diciendo esto, dio media vuelta y se encaminó hacia el tren.

En todas las relaciones, la confianza tiene que ganarse. Paso a paso, la confianza se construye a partir de experiencias compartidas a lo largo del tiempo, experiencias que nos dicen cuándo alguien tiene en consideración lo que es mejor para nosotros.

Entregamos a las personas nuestra confianza hoy y mañana porque han sido confiables en el pasado.

Nuestra relación con el Creador no es diferente. *Emunah*, o confianza en el Creador, no significa fe ciega, surge del entendimiento de las leyes espirituales y de la seguridad de que el Creador siempre procura lo que es mejor para nosotros. *Emunah*, en pocas palabras, significa aceptar el principio de que todo lo que ocurre es para bien.

Esto no es fácil. Si nos asaltan en la calle, nuestro impulso natural es sentirnos enojados e indignados con la persona que cometió el crimen y con el Creador, por permitir que algo así ocurriera. Puede resultar difícil imaginar un estado mental en el que un asalto sea considerado como lo que era necesario en ese preciso momento. No obstante, así es como lo ve esa persona poco común que confía totalmente en el Creador. Como lo expresa elocuentemente el Libro de Job: «Aunque Él me dé muerte seguiré confiando en Él».

Pese a que pocos de nosotros hemos alcanzado este nivel de *Emunah*, éste representa un grado de desarrollo espiritual al que todos podemos aspirar cada día de nuestra vida. La aspiración misma expresa el deseo de confiar, mismo que la Cábala reconoce como el primer paso hacia la meta. Nuestra tarea es avanzar hacia el estado de ser transformado en el que confiamos completamente y sin dudar en el Creador.

Hemos mencionado cómo la cantidad de Luz que revelamos en una acción determinada depende de nuestra comprensión del poder que tenemos para revelar esa Luz. Mientras más reconozcamos nuestro poder para revelar la Luz del Creador, más Luz revelaremos.

Ahora agregaremos un corolario de esta ley espiritual: «Mientras mayor sea nuestra confianza en el Creador, mayor poder tendremos.»

*Emunah* está más allá del entendimiento en el sentido común de la palabra. Implica mucho más que una comprensión intelectual de la situación, es más que una creencia basada en la consideración lógica de los hechos. La mayoría de nosotros, por ejemplo, *entiende* que si compartimos ocurrirán cosas positivas como resultado de nuestra acción. Mientras más conscientes seamos de que nuestras acciones tienen efectos positivos en el mundo, más posibilidades hay de que se produzcan resultados positivos. Hay una lógica de causa y efecto en esta operación.

Sin embargo, *emunah* implica fe y certeza de que los efectos de nuestras acciones positivas se prolongan más allá de lo imaginable. El entendimiento es un elemento de nuestra confianza y nuestra fe en el Creador, pero el entendimiento humano es limitado. *Emunah* no conoce límites. *Emunah* puede hacer que el sol se detenga en el firmamento. *Emunah* puede hacer que las aguas del Mar Rojo se dividan.

La división del Mar Rojo en el Libro del Éxodo es tal vez el ejemplo más asombroso del poder de la fe. Sólo imagine la escena: los aterrorizados hijos de Israel estaban atrapados en la orilla del mar mientras el poderoso ejército egipcio les pisaba los talones. Entonces Moisés estiró el brazo levantando su bastón. Dijo a las aguas que se dividieran, ¿y qué ocurrió? Según la enseñanza cabalística, nada. Ni una ola cambió su curso, ni una gota de agua retrocedió. Para provocar un milagro en el mundo natural la gente tuvo que crear primero un milagro en su propio corazón. De acuerdo con esto, la Biblia relata que cuando Moisés dijo a los israelitas: «No temáis; quedaos tranquilos y veréis la salvación que Dios llevará hoy a cabo en favor de ustedes», el Creador respondió: «¿Por qué clamas a mí? Di a los hijos de Israel que se pongan en marcha».

Esta orden, hasta cierto punto sorpresiva, no significa que el Creador fuera indiferente al destino de su pueblo, significa que Dios nos ha dado las herramientas espirituales para superar cualquier desafío que se presente, y eso incluye la herramienta de la fe absoluta. Pero para obtener los beneficios de esa herramienta debemos actuar en consecuencia. Los sabios nos dicen que un hombre, Nachshon, decidió entrar solo al agua y lo hizo con absoluta confianza, sin embargo, pronto se encontró hundido hasta el cuello y el Mar Rojo no se dividió, se estaba ahogando con el agua que entraba por su garganta, y fue entonces cuando ocurrió el verdadero milagro. Aunque Nachshon estaba a punto de ahogarse su confianza nunca vaciló, y una fracción de segundo después las aguas formaron una pared que se elevaba hasta el cielo. La condición interna del alma de un hombre se vio reflejada en la realidad física.

Así como Nachshon, nosotros debemos combinar el poder de la confianza con el poder de las obras. A veces esto puede significar realizar acciones que parezcan inadecuadas, aunque pocos de nosotros seremos llamados a introducirnos en el océano.

Frecuentemente la acción correcta estará dictada por el sentido común, que siempre debe estar acompañado de una conciencia más elevada. Si estamos enfermos debemos buscar atención médica, aunque la Cábala nos dice que la Luz del Creador es la que nos curará, el acto de ir al doctor aunado a nuestra confianza en la Luz, da como resultado la curación. Y mientras mayor es nuestra confianza, es necesaria menos acción.

## 5. Solicite la ayuda divina

Cuando enfrentamos una tarea espiritual ardua nunca estamos solos. Aunque transformar nuestro deseo de recibir sólo para nosotros es extremadamente difícil, el Creador siempre llama nuestra atención hacia la tarea y nos envía cuerdas de salvamento, instrucción e inspiración. No obstante, hay ocasiones en las que el trabajo de transformación parece estar más allá de nuestras posibilidades. Ése es un buen momento para recordar este pasaje bíblico:

**Abre para Mí una rendija no mayor al ojo de una aguja
y Yo abriré para ti las puertas celestiales.**

Sólo necesitamos dar el primer paso en nuestro trabajo espiritual y la Luz del Creador nos ayudará a concluirlo. Así como en el concepto de *Emunah*, la cantidad de trabajo que necesitamos hacer *antes* de que el creador venga en nuestra ayuda, depende en gran medida de nuestro nivel de desarrollo espiritual. Para la mayoría de nosotros, dar el primer paso significa llegar hasta el límite de nuestra capacidad. Si hay diez peldaños en una escalera y todos los esfuerzos nos llevan únicamente hasta el noveno, el Creador nos llevará al décimo. Pero la ayuda llegará sólo después de que hayamos hecho el mayor esfuerzo. Incluso si una tarea parece a todas luces fuera de nuestro alcance, podemos estar seguros de que el Creador conoce los límites y de que recompensará el esfuerzo con éxito.

## 6. Siempre estamos a prueba

En todo momento de nuestras vidas está presente una fuerza positiva que nos jala hacia la Luz, hacia compartir, hacia la transformación de nuestra naturaleza, hacia la satisfacción eterna y la realización última, hacia la unión con el Creador. Y también existe una fuerza negativa que nos arrastra hacia la gratificación inmediata y el placer efímero del deseo interesado. En cierto sentido, estas dos fuerzas están en guerra, y nuestra primer tarea es reconocer que nos ubicamos en medio del campo de batalla.

Si ignoramos la presencia de la poderosa fuerza negativa, nuestras posibilidades de sobrevivir son escasas. Si no nos mantenemos alerta nos arriesgamos a sufrir el equivalente espiritual de una herida o incluso de la muerte. Esta vigilancia es en sí misma una tarea ardua, pues los seres humanos somos confiados por naturaleza. Cuando las cosas van bien, los asuntos cotidianos de alguna manera se expanden hasta acaparar toda nuestra energía y atención. ¿Están haciendo los niños sus tareas? ¿Mandarán a tiempo el refrigerador nuevo? ¿Saldremos el sábado? La idea de que se está desarrollando una batalla simplemente no cruza por nuestras mentes.

**La Cábala nos exhorta a tomar conciencia de que siempre estamos a prueba, y de que la prueba se hace más y más difícil conforme nos acercamos a la Luz.**

Aquí resulta útil la metáfora de la batalla: si un comandante del ejército enemigo nota que nuestras tropas son fuertes, enviará más de las suyas a la lucha. Cuando la parte positiva de nuestra naturaleza crece, la inclinación negativa también se hace más fuerte.

Baal Shem Tov hablaba de un gran palacio en el que vivía un magnífico rey. Mientras más nos acercamos al palacio, más guardias encontramos. La mayor parte de estos, los más fuertes y hábiles, rodean la recámara del rey. Conforme nos acercamos más y más al Creador, los guardias más formidables salen a nuestro encuentro para obstaculizar nuestra entrada. No sólo al principio resulta difícil la tarea de la transformación, sino que se complica más y más conforme nos acercamos a la meta. En cierto sentido, esto es una bendición. Aunque es cierto que debemos ganarnos cada centímetro de terreno en el campo de batalla espiritual, los ataques más duros del oponente se presentan sólo cuando demostramos que somos capaces de resistirlos. Cuando las pruebas se hacen más fuertes sabemos que estamos avanzando en la dirección correcta.

La negatividad es atraída hacia la Luz del Creador tal como una palomilla es atraída hacia una llama. La fuerza negativa se mueve siempre hacia su energía opuesta. Si no intentamos revelar la Luz, la fuerza negativa nos ignora. Pero si en verdad queremos cambiar, si en verdad intentamos revelar más Luz en el mundo, la inclinación negativa se manifiesta inmediatamente.

**No hay acción positiva, desinteresada, generosa, caritativa o de contrición que la parte negativa no trate de corromper.**

La duda y la confusión pueden aparecer en nuestros actos más compasivos. Podemos reprendernos por creer que somos capaces de cambiar nuestra naturaleza, lo mismo que la naturaleza del mundo. Estas dudas y cuestionamientos son negatividad en acción que nos dice que rebasamos los límites de nuestras capacidades, que volamos demasiado alto, que perdemos nuestro tiempo. Su objetivo es extinguir cualquier intento de crecimiento espiritual, y el ataque puede estar muy bien disimulado. Podemos llegar a imaginar que quien habla es la sensatez o incluso nuestra propia conciencia.

La duda interna es una de las herramientas más poderosas de la parte negativa de nuestra naturaleza. La duda se impone en todas las áreas de la vida, y sin duda con respecto a cada uno de los temas presentados en este libro. Es una de las tendencias más destructivas de la naturaleza humana, ya que la Luz que revelamos depende de la certeza sobre nuestro poder para revelar Luz. A través de la corrupción del entendimiento la duda evita que logremos la realización para nosotros y para los demás. «¿Quién crees que eres? ¡No puedes cambiar el mundo! ¡Nada de lo que hagas cambiará las cosas! ¡Esto va de mal en peor y no hay nada que puedas hacer al respecto!» Estos son los argumentos de la duda, y la mayoría de nosotros los escuchamos todo el día. La Cábala nos invita a reconocerlos como lo que son: el lado negativo tratando desesperadamente de evitar cualquier acción positiva de nuestra parte. Y mientras más cerca estemos de ejecutar esa acción, más probable es que salgan a la superficie las dudas y cuestionamientos. La buena noticia es que esto es señal de que estamos cerca de alcanzar un auténtico progreso en nuestro trabajo espiritual. La mala noticia es que frecuentemente las dudas logran evitar que ese progreso se realice.

Rabí Levi Yitzchak de Berdichov era un hombre recto. Un día tuvo una conversación con un hombre muy malo. Rabí Yitzchak examinó al hombre y le dijo:

—Te envidio.

El hombre malo, que conocía la reputación del rabino, se echó a reír.

—¿Cómo puedes envidiarme?

Y el rabino contestó:

—Porque si cambias tienes más potencial para revelar la Luz del Creador que yo.

Mientras más fuerte es nuestro deseo de recibir sólo para nosotros, más potencial tenemos para revelar Luz, porque si cambiamos, si tenemos éxito en transformar nuestra naturaleza, nuestra negatividad anterior también se transforma. Mientras más negativas hayan sido nuestras acciones, mayor es la cantidad de Luz que se revelará.

Éste es un principio básico y complejo de la Cábala. Si nos referimos de nuevo a la metáfora del campo de batalla, no sólo podemos vencer a las fuerzas negativas, sino que tenemos incluso el poder de sumarlas al lado positivo. Cuando nos arrepentimos sinceramente de nuestra negatividad, toda la oscuridad de la que somos responsables se convierte en Luz. Ninguna oscuridad que atraigamos es más grande que la Luz del Creador que está en el centro de nuestro ser.

El combate es encarnizado; el enemigo, astuto y poderoso, pero puede ganarse la batalla, y vale la pena hacerlo.

## 7. Arrepiéntase con alegría

Todos somos responsables de acciones destructivas y negativas, desde las relativamente triviales como hablar con insinuaciones a un compañero de trabajo, hasta las graves como el robo o la infidelidad. En cualquier caso, para la Cábala el arrepentimiento (*teshuvah* en hebreo) representa la respuesta espiritual proactiva. En la carretera de la vida, el arrepentimiento es nuestra oportunidad de hacer una vuelta completa en U. Con arrepentimiento sincero, *cualquier* acción negativa puede ser purificada y transformada.

El arrepentimiento es un proceso que consta de tres fases:

1. *Sentir un remordimiento sincero.* El arrepentimiento empieza con la comprensión de que hemos hecho algo malo y el arrepentimiento por haberlo hecho. Aquí también la conciencia y la comprensión preceden a la acción.

2. *Tener certeza.* De este remordimiento sincero obtenemos la energía necesaria para examinar nuestros corazones hasta que podamos decir con absoluta certeza que nunca más elegiremos repetir la acción negativa.

3. *Enfrentar de nuevo la oportunidad de realizar una acción negativa, y tomar una elección diferente.* Una vez que estamos seguros de nosotros mismos, debemos esperar proactivamente que el Creador nos ponga en una situación similar que nos permita concluir el proceso de arrepentimiento. Debemos incluso anhelar esa prueba final. Sin ella nunca podremos transformar la acción negativa en positiva.

חי

La vida casi nunca se repite exactamente. El cónyuge que ha sido infiel durante una convención de negocios en Cleveland puede que nunca regrese a Cleveland. Lo más probable es que se produzca una situación que apunte hacia la causa de la infidelidad, o sea, la falta de confianza. La conexión entre el error original y la oportunidad de corregirlo estará oculta. La esencia es la misma, pero la apariencia puede ser muy diferente.

Obviamente, el arrepentimiento exige que abramos bien los ojos. Se necesita una mente despierta para reconocer la naturaleza de nuestro error cuando se nos presenta de nuevo.

## La limpieza del granero

Dos muchachos trabajaban para un erudito al que respetaban mucho. Se les asignó la tarea de limpiar un viejo granero en el que su patrón iba a instalar su estudio.

Como podrá imaginar, el trabajo de limpiar el granero fue duro y sucio. Uno de los muchachos estaba feliz mientras trabajaba: silbaba y cantaba al realizar sus actividades; el otro chico era tan diligente como el primero, pero ciertamente no mostraba tanto entusiasmo, sabía que alguien tenía que limpiar el granero, pero hubiera preferido no ser él.

Finalmente, el segundo muchacho se hartó de la alegría del primero. Se detuvo y preguntó:

—¿Qué te hace tan feliz?

El primer chico pensó un momento y luego contestó:

—Estoy feliz porque sé que cuando terminemos, nuestro patrón tendrá un lugar limpio para instalarse.

Aunque difícil, el arrepentimiento es un proceso que produce alegría. Es el trabajo duro que debemos realizar para crear un lugar en el que pueda descansar la Luz del Creador. A través del arrepentimiento nos convertimos en mejores Vasijas para la Luz.

Para la Cábala el arrepentimiento no tiene que ver con culpa ni con tristeza, que son manifestaciones de las fuerzas negativas que están dentro de nosotros. Éstas propician la inactividad, el aislamiento, la falta de aceptación de nosotros mismo y el sentimiento de impotencia, que son expresiones del deseo de recibir sólo para nosotros. Y lo peor es que ni la culpa ni la tristeza hacen nada para corregir la acción que las provocó.

## 8. Nunca se dé por satisfecho

Rabí Elimelech contaba frecuentemente a sus alumnos esta historia:

### Los tres jueces

Cuando muera iré ante los tres jueces de la corte celestial. Ellos decidirán si entraré al Cielo o si regresaré a la vida a concluir mi transformación.

El primero me preguntará:

—¿Trataste a los demás con respeto?

Y yo le contestaré:

—Sí, pero no con el suficiente respeto—. Y escribirán mi respuesta.

El segundo juez preguntará:

—¿Estudiaste?

Y yo contestaré:

—Sí, ¿pero estudié todo lo que debería haber estudiado? No—. Y escribirán la respuesta.

Finalmente, el tercer juez preguntará:

—¿Amaste a tu prójimo como a ti mismo?

Y yo contestaré:

—Sí, pero no del todo—. Y esto también quedará registrado.

Cuando no haya más preguntas, me daré la vuelta y me dirigiré a otra encarnación en la que trataré de ser mejor. Pero los jueces gritarán:

—¿Adónde crees que vas? A personas tan sinceras como tú siempre se les necesita en el jardín del Edén. Pasa por aquí.

Imagínese a usted mismo sosteniendo una vela encendida en un cuarto oscuro. Como es la única luz en la habitación, la vela parece muy brillante. Ahora imagine que saca la vela a la luz del sol. Aunque la vela no ha cambiado, aparentemente su luz disminuye o incluso desaparece. Al parecer, la vela sólo ilumina cuando está en la oscuridad.

**Conforme nos acercamos a la gran Luz del Creador,
y conforme comparamos nuestra luz con la de Él,
nuestros logros espirituales parecen insignificantes.
Conforme nos alejamos de la Luz de Creador,
nuestros logros parecen más grandes y nos sentimos más satisfechos
con nosotros mismos.**

Ésta es una ley espiritual, pero es tan paradójica que requiere explicación. La frase «satisfechos con nosotros mismos» quiere decir *conformes con nuestro nivel de desarrollo espiritual*. Esto es algo muy distinto de la satisfacción y la realización genuinas que experimentamos en la transformación espiritual. Aunque nuestro impulso de realización auténtica puede incrementarse, podemos sentirnos insatisfechos con nuestro *nivel* de logros espirituales. Como los grandes eruditos y los grandes científicos, mientras más logramos, más conscientes somos de lo mucho que falta.

Ni siquiera Moisés se sentía digno de la tarea que Dios le encomendó, y sin embargo, todos conocemos personas que se sienten satisfechas como si estuvieran fascinados por el brillo de sus velas. Pero la Cábala explica que las velas brillan más sólo cuando nos movemos hacia la oscuridad. La soberbia con respecto al crecimiento espiritual representa una señal clara de que nos estamos moviendo en la dirección equivocada.

Hace poco vi a una estrella de cine muy exitosa en una entrevista para la televisión.

—Su vida debe ser muy ajetreada y emocionante— dijo el entrevistador—. ¿Tiene tiempo de mantenerse al tanto de lo que pasa en el mundo?

La estrella parecía confundida.

—No estoy seguro de haberlo comprendido.

—Bueno, ¿tiene tiempo de leer el periódico? ¿Ve las noticias en la televisión?

En ese momento la estrella negó con la cabeza y rió.

—No, por supuesto que no. Pero no es por falta de tiempo; es que no quiero toda esa negatividad en mi vida. Es mala para mi salud espiritual.

Mientras veía esa entrevista se me ocurrió que la salud espiritual de la que hablaba la estrella de cine no es muy diferente del bienestar físico de nuestros cuerpos. En otras palabras, lo que es saludable para una persona puede ser exactamente lo contrario para otra. Si su vida está llena de fuertes desafíos, como es el caso de muchas personas en el mundo, puede que lo mejor sea evitar la información y las imágenes perturbadoras de las noticias o de cualquier otra fuente. Pero lo más probable es que una estrella de cine de Hollywood tenga necesidades muy diferentes. Lo que es malo para la salud espiritual de otra persona puede ser justo lo que ella necesita.

La Cábala nos enseña a tener prosperidad en todas las áreas de nuestras vidas, incluso la material, pero también reconoce el peligro de sentirnos ufanos y satisfechos con nosotros mismos.

Hay algo paradójico en esto, el Creador espera que seamos felices y alcancemos la realización, y en el momento que experimentemos esos sentimientos, debemos sentirnos alegres por haber cumplido sus expectativas. Por otra parte, si estamos totalmente cómodos y no sentimos ningún apremio en nuestra vida podemos estar seguros de que nos hemos salido de nuestro camino espiritual.

Por desgracia, es frecuente que las personas que inician el trabajo espiritual abandonen el camino. Rabí Ashlag, el gran cabalista del siglo XX, escribió que una de las grandes decepciones de su vida era ver que esto ocurría.

Recuerde: lograr la realización a través de la transformación espiritual no es fácil, nadie dijo que debería serlo, pero es para lo que usted fue creado. Aprender a caminar y a leer tampoco es fácil, pero superamos esos retos con tal de obtener las recompensas que proporcionan. Los superamos porque, salvo algún problema médico grave, no está en nuestra naturaleza pasar nuestras vidas gateando, cuando caemos nos volvemos a levantar. En el trabajo espiritual tal vez ni siquiera nos demos cuenta de que hemos caído, por eso es necesario regresar una y otra vez a las herramientas y las enseñanzas cabalísticas.

Un propósito fundamental de la Cábala es ayudarnos a distinguir entre la felicidad real, la autocomplacencia y la satisfacción. Sin lugar a dudas debemos disfrutar las cosas buenas de nuestra vida, pero al mismo tiempo debemos ser conscientes de que las vidas de otras personas son menos felices que las nuestras, y en todo momento tratar de rectificar ese hecho. No podemos olvidar que toda la humanidad va en el mismo bote, si algunos nos estamos hundiendo, todos nos hundimos.

## 9. Camine como el ciego

La Cábala nos dice que en el camino de la transformación hay dos clases de personas: aquellas que son ciegas y saben que lo son, y aquellas que son ciegas y no lo saben. Las personas que saben que están espiritualmente «en la oscuridad» van por la vida con gran cuidado. No ven con tanta claridad como quisieran. Hablando en sentido figurado, andan a gatas para asegurarse de que no hay ningún peligro frente a ellos y, como se mueven con tanto cuidado, pueden descubrir los diamantes que hay tirados en el camino.

El resto creemos que podemos ver todo, por eso constantemente estamos cayendo en trampas y escollos, pasamos por alto las joyas —las oportunidades para transformarnos— que están esparcidas a nuestros pies. Vemos el mundo a través de una lente de ego que distorsiona la visión. Malinterpretamos las señales, tomamos el camino equivocado. Somos un peligro para nosotros mismos y para los demás.

La sabiduría de la Cábala enseña que independientemente de nuestro grado de desarrollo espiritual, lo mejor para nosotros es pensar que somos espiritualmente ciegos y asumir que nuestro entendimiento es muy limitado. Esto es un desafío para aquellos que hemos estudiado un poco la Cábala y nos sentimos súbitamente emocionados por la nueva manera de ver el mundo. Pero es aún más difícil para aquellos que hemos estudiado mucho y creemos saber exactamente cómo funciona el sistema, la verdad es que mientras más sabemos acerca de la transformación, menos creemos que nuestra visión espiritual sea de 20/20.

El auténtico crecimiento espiritual es complicado. Necesitamos perseverancia, coraje y determinación, conforme nos acercamos más a la Luz del Creador, el viaje se hace más difícil, y al mismo tiempo nuestros esfuerzos revelan más Luz.

## 10. Utilice la muerte como motivación

Se ha dicho que los seres humanos somos únicos porque tenemos conciencia de la inevitabilidad de la muerte. Pero si examinamos honestamente nuestro comportamiento debemos preguntarnos si en verdad tenemos la *suficiente* conciencia de ser el único animal que tiene conocimiento de su propia muerte, porque la mayoría no sacamos provecho de él.

La expresión *experiencia cercana a la muerte* se ha vuelto popular en los últimos años, se refiere a visiones y sensaciones características que han experimentado algunas víctimas de accidentes o pacientes que estuvieron clínicamente muertos —por cierto tiempo— durante una operación quirúrgica. Casi siempre estas visiones incluyen la presencia de una gran Luz y la conciencia de un poder absolutamente amoroso y benévolo. ¿Cómo cambiaría su vida si pasara por una experiencia cercana a la muerte? ¿Dedicaría menos tiempo a sus propias necesidades? ¿Se esforzaría por emular la energía amorosa que descubrió en su visión?

Es posible. ¿Pero por qué hace falta un accidente automovilístico o una cirugía a corazón abierto para que tome esa dirección? Esos acontecimientos son sin duda dramáticos, pero después usted seguirá viviendo en el mismo mundo en el que está ahora, con las mismas esperanzas y los mismo temores. Tal vez, lo único que cambiará realmente como resultado de una experiencia cercana a la muerte, será su *conciencia*; su conciencia de la pequeña cantidad de tiempo que ha recibido y de la importancia que tiene la manera en que lo usa.

**La Cábala nos recuerda que en todo momento estamos pasando por una experiencia cercana a la muerte.**

No importa en qué punto estemos de la carretera de la vida, la muerte estará esperando al final de ella hasta que la transformación del mundo se haya completado. Debemos entender que existimos sólo un breve instante.

La Cábala nos enseña a utilizar a la muerte como motivación para centrar nuestras vidas en lo que realmente importa. A manera de herramienta espiritual, podemos incluso visualizar nuestra propia muerte con el fin de hacernos conscientes del poco tiempo que tenemos para cumplir nuestra tarea. Sin la conciencia de nuestros límites, nos alejamos de nuestros intereses. Entonces podemos utilizar la muerte en contra de ella misma. Cuando el proceso de transformación haya sido completado, la muerte desaparecerá del mundo.

## 11. Experimente el dolor ajeno como propio

Más que sólo saber del dolor que experimenta la gente en el mundo, debemos *buscarlo activamente y enseñarnos a experimentarlo como propio.* Para lograr nuestro trabajo espiritual tenemos que ensuciarnos las manos. Pero esto no es únicamente un ejercicio de tristeza o culpa. El propósito de sentir el dolor de los demás es inspirarnos para atender nuestro trabajo espiritual, el cual incluye realizar acciones físicas en el mundo para aliviar el sufrimiento humano.

Hay una enseñanza cabalística que nos instruye enérgicamente al respecto. Si todo en este mundo tiene un lugar y un propósito, se preguntan los sabios, ¿cuál es el propósito del ateísmo? ¿Cuándo debemos poner a un lado nuestra creencia en Dios y nuestra devoción a Él? La respuesta es: siempre que veamos sufrir a alguien, en ese momento hasta nuestra conexión con el Creador debe ponerse a un lado en favor de la acción práctica para ayudar a otro ser humano.

Cuando comento esto con estudiantes de la Cábala, los veo mover la cabeza de un lado a otro con tristeza. «Es muy inspirador», dicen, «¿pero de qué sirve? La magnitud del sufrimiento en el mundo es demasiado grande. Hay demasiado dolor para que uno pueda hacer algo.» Esta forma de pensar es una de las armas más potentes de nuestra inclinación negativa. La Cábala nos aconseja enfáticamente no medir la rectitud «por volumen». Tal como el movimiento de las alas de una mariposa pueden crear un tornado, cada acto positivo, por pequeño que sea, trae Luz al mundo y abre un canal para que entre más Luz. De este modo la transformación de la humanidad finalmente se hará realidad.

Imagine que su casa se está incendiando y que tiene algo de tiempo para rescatar unas cuantas posesiones, pero no todas. ¿Alzaría los brazos y exclamaría: «¡Olvídenlo! Si no puedo rescatar todo, que se queme»? ¿O entraría corriendo a la casa y salvaría lo más posible? La mayoría de nosotros haríamos lo segundo, el mismo principio se aplica a la situación del mundo en general. Nosotros solos no podemos aliviar todo el dolor y el sufrimiento que existe en el mundo, pero ésa no es razón para dejar de intentarlo. La Cábala nos dice que si podemos ayudar aunque sea a una persona, es como si hubiéramos salvado a todo el mundo.

## 12. No juzgue a los demás

La Cábala nos pide que nos juzguemos y que juzguemos nuestras motivaciones con gran cuidado. Sin embargo, uno de los obstáculos en nuestra senda espiritual es la tendencia a juzgar a otras personas. Esto ocurre especialmente al principio del camino: aprendemos un poco acerca de las leyes espirituales y de repente creemos saber exactamente qué es lo que está mal con todos los demás. Y lo que es peor, ¡podemos cometer el error de decírselos!

Nuestro juicio debe dirigirse siempre hacia nosotros, nunca hacia los demás. Independientemente de nuestro grado de desarrollo espiritual, la comprensión alcanzada de las leyes espirituales y de sus efectos en el mundo es limitada. Creer que sabemos cómo funciona todo en el mundo espiritual es signo inequívoco de que en realidad sabemos muy poco. Tener completa conciencia de nuestras intenciones y motivos es ya de por sí muy difícil, ¿cómo podríamos juzgar la vida de otra persona? Por otra parte, los fundamentos espirituales de los problemas de una persona son complicados y con frecuencia oscuros. Si aceptamos que nuestra comprensión del mundo espiritual es limitada, es absurdo creer que podemos ver lo suficiente a través de las complejidades del universo espiritual como para penetrar en los misterios del destino de otras personas.

Imagine que un amigo cercano ha sido atacado súbitamente por una enfermedad grave. Obviamente él está sufriendo, y de acuerdo con la Cábala, todos somos responsables en última instancia de nuestro propio sufrimiento. ¿Debemos decir a nuestro amigo que su padecimiento es responsabilidad suya? Esto puede ser verdad en el nivel espiritual, pero la pregunta es: ¿qué bien puede hacer este juicio? ¿cómo lo beneficiará escuchar que él es el responsable? Juzgar las causas espirituales de las dificultades de los demás no los acerca a la transformación, a nosotros tampoco.

Nuestra primera responsabilidad debe ser no juzgar, sino prestar ayuda. Una persona que sufre necesita alivio, no reflexiones morales; un indigente necesita techo, no filosofía. Sin importar lo magistral que sea, sólo si tenemos la certeza de que nuestro juicio ayudará a la otra persona en su transformación lo diremos, si no, realizaremos acciones positivas para aliviar la dificultad inmediata. Algo tan sencillo como escuchar *sin juzgar* es lo mejor que podemos hacer por alguien.

El propósito de la espiritualidad consiste en hacernos *más* conscientes de las necesidades de los demás, *más* comprensivos y *más* generosos. Tenga cuidado con el camino que lleva en dirección contraria marcado por el juicio severo sobre los demás. Ése no es el camino espiritual auténtico.

# Parte tres
## Transformación
## espiritual

# Capítulo 7
# El significado de nuestros pensamientos y sentimientos

Vivir como una persona espiritual no significa desechar los pensamientos y sentimientos que a usted lo habitan. No hay necesidad de «extinguir» la felicidad, el amor, el deseo, el júbilo o incluso la ira con el fin de seguir el camino espiritual. De hecho, nuestras emociones pueden ser muy útiles para conectarnos con la Luz, es necesario preguntarnos: ¿controlamos nuestras emociones o ellas nos controlan a nosotros?

La Cábala ofrece una descripción detallada del papel de los sentimientos humanos en la estructura del mundo espiritual.

Nuestras emociones están conectadas a frecuencias específicas
—o emanaciones— a través de las cuales la Luz del Creador
resplandece desde los Mundos Superiores.
Cada emoción tiene un nombre
y propósito determinado. Funcionan como portales

por los que fluye la energía entre las dimensiones física
y espiritual. Lo que sentimos, y aún más importante,
la intención y motivación detrás de nuestros sentimientos,
afectan la velocidad y la calidad del flujo.

La pregunta fundamental que debemos formularnos es: ¿nuestras emociones son manifestación del deseo de recibir sólo para nosotros, o expresan el deseo de compartir? Las emociones nos fueron dadas como ayuda para el trabajo espiritual, pero está en nosotros utilizarlas o no para este fin.

## Viva con alegría

El cabalista de siglo XVI Rabí Isaac Luria fue una luminaria espiritual del mundo. Se dice que cuando rezaba aparecían ángeles. Rabí Luria atribuía sus grandes dones a una sencilla cualidad: vivía cada día con alegría. De hecho, la Cábala enseña que la Luz revelada por cualquier acción es proporcional a la alegría que nos produce la realización del acto. En contraste, la ausencia de alegría hace que hasta los grandes actos de desprendimiento y generosidad se vean seriamente afectados en su valor. El bien que podemos hacer en el mundo es limitado cuando no somos felices en nuestro trabajo espiritual.

Cuando realizamos un acto positivo sin alegría en el corazón es como si arrojáramos una sábana sobre un foco iluminado. Tal vez el foco esté encendido, pero la cubierta impide que ilumine el cuarto. También la alegría que resulta de acciones nocivas restringe el flujo de Luz. Unos ladrones pueden sentir gran alegría después de saquear exitosamente una casa, pero esta felicidad es resultado de la satisfacción de un deseo egoísta. La Cábala enseña que cuando una emoción es motivada por el deseo de recibir sólo para nosotros, la fuente de esa emoción se cierra en la dimensión espiritual. La capacidad de experimentar dicha emoción —para bien o para mal— se debilita hasta desaparecer.

Si a un niño le regalan un martillo de juguete y lo usa para construir algo no habrá problema, pero si golpea con él a su hermano en la cabeza, se lo quitarán. La herramienta es la misma; la diferencia está en su aplicación. Cuando nuestras emociones sirven al deseo de recibir sólo para nosotros, es como si el creador dijera: «bueno, si vas a usarlas *para eso*, no puedes conservarlas».

## La gratitud produce alegría

Cierto hombre fue con el doctor, ahí le informaron que padecía una enfermedad incurable. El hombre salió del consultorio del médico y vagó por las calles, deprimido y desconcertado. Varias horas después, el doctor lo llamó por teléfono y le dijo que todo era un error, que al contrario de estar enfermo; su salud era perfecta. El hombre se sentía eufórico. Vagó una vez más por las calles, con la diferencia de que ahora parecía caminar sobre nubes. ¿Qué cambió entre el lapso en que le dijeron que estaba muriendo y el momento en que descubrió el error? ¿Qué provocó esa montaña rusa emocional? Ciertamente no fue su estado de salud.

El cambio del hombre estuvo en la valoración de su salud. Una vez que el supuesto peligro pasó, el hombre cobró conciencia del don de la salud, que había dado por perdido. Era como si hubiera sanado. Su gratitud le produjo alegría.

Este tipo de experiencia ocurre a cualquier escala. En su juventud, Fedor Dostoyevsky, novelista ruso del siglo XIX, fue sentenciado a muerte junto con otros prisioneros que enfrentaban acusaciones falsas de origen político. Esa experiencia fue narrada constantemente en sus novelas. Cuando el pelotón de fusilamiento preparaba sus armas, el joven escritor se dio cuenta de que le quedaban cinco minutos de vida. El tiempo le pareció tan largo que descubrió que podría pasar todo un minuto observando la luz del sol que se reflejaba en la cúpula de una iglesia que estaba a lo lejos, y aún le restarían cuatro minutos más. Parecía una eternidad.

Entonces, súbitamente, la ejecución fue suspendida. Todo fue un truco para asustar y someter a los prisioneros. En vez de felicidad, Dostoyevsky experimentó una sensación de pérdida. Sintió que la intensidad que revelaba cada momento se desvanecía. ¿Por qué no podía recuperarla? ¿Por qué no podía vivir el resto de su vida con la sensación de que cada instante era una joya perfecta? Aunque lo intentaba, parecía imposible.

Nosotros enfrentamos dilemas similares incluso en las circunstancias más cotidianas. Un día, mientras rezaba, escuché un ruido proveniente de la entrada de la sinagoga. Al principio me resultó muy molesto, ¿pero en qué basaba mi molestia? Sentí el impulso de perder el tiempo pensando en lo molesto del ruido. ¿Pero qué pasaría si el tiempo se agotara?

Si ese hubiera sido mi último momento en la tierra, el ruido de la entrada habría sido el sonido más precioso. Si yo fuera una persona que no tuviera hogar ni amigos, apreciaría profundamente el hecho de estar dentro de la sinagoga en medio de otras personas.

**Nada de lo que tenemos es realmente nuestro.
Todo nos ha sido dado, y transformación significa aprender a apreciar nuestros regalos. Esto no sólo incluye los bienes materiales, sino también las cualidades físicas, mentales y espirituales.**

La Cábala enseña que lo mismo la vista que nuestra capacidad espiritual de comprensión son dones milagrosos que no nos pertenecen. Son dos de las muchas herramientas que nos dieron para ayudarnos a transformar nuestra naturaleza, y cada una de ellas nos ofrece su cualidad especial para beneficiar al mundo. Debemos alegrarnos tanto por el don de estas herramientas como por las acciones positivas que nos ayudan a ejecutar.

## La envidia es una tentación constante

La envidia es lo opuesto a la alegría. Si la alegría se relaciona con la gratitud por lo que el Creador nos ha dado, la envidia es la *falta* de gratitud. Es el anhelo destructivo de ser otra persona —de tener la vida de otra persona o algún aspecto de ella—, por rechazar lo que somos en realidad.

Hemos visto cómo *Emunah*, confianza en el Creador, es la certeza profunda de que Dios quiere lo mejor para nosotros. Esta intención divina está presente en todo lo que hacemos y todo lo que nos pasa. Es una idea cabalística fundamental y una de sus extensiones: *siempre recibimos exactamente lo que merecemos y necesitamos.*

La envidia, por tanto, es la falta de confianza en la sabiduría del Creador. Es una manera de decirle: «tú no sabes lo que es mejor para mí, o tal vez ni siquiera te importa. Si te importara, me darías lo que tiene otra persona y yo no estaría atascado con esto». Imagine que su vida es un auto que va por la carretera, el Creador conduce, pero cuando sentimos envidia de las posesiones, la fama o el poder de otra persona, es como si dijéramos que no nos gusta su manera de conducir. Y a nadie le agrada este tipo de copilotos. Si expresamos este sentimiento constantemente, el Creador dice: «si eres tan listo, maneja tú» y nos pasa al volante. ¡Abróchense los cinturones!

Si no valoramos lo que tenemos, podemos perderlo. Si perseguimos lo que no es nuestro, arriesgamos lo que nos han dado. En otras palabras, si codiciamos la casa de nuestro vecino, la pequeña casa que nos ha servido tan bien, terminará en ruinas. Y hay algo más en riesgo: la salud, la familia e incluso la vida son prestadas. Si no confía en el plan del Creador con sus detalles, el plan se pone en peligro. Si nos concentramos en lo que no tenemos, arriesgamos lo bueno que hay en este momento en nuestras vidas, así como lo que nos depara el futuro.

Debemos aprender a distinguir entre la envidia y el deseo de cambiar para bien y crecer espiritualmente. Todos conocemos a alguien que nos inspira admiración, personas cuyo logros encarnan nuestras aspiraciones. Cuando un joven pintor visita un museo, puede admirar el trabajo de un gran maestro, o una persona que se inicia en la espiritualidad puede desear emular la vida de un hombre justo. Lo que diferencia estos deseos de los celos y la envidia es la intención que está detrás de ellos. Si la meta del pintor o de la persona que va en busca de lo espiritual es conectarse con la Luz del Creador a través de su propio trabajo, la intención es absolutamente positiva. Pero si su objetivo es adquirir fama o poder para sí mismos, la diferencia de intención es más significativa que la calidad de las pinturas o el tiempo dedicado a la oración y al estudio.

La envidia es una tentación constante, quizá más en estos tiempos que en otro momento de la historia. Por milenios la mayoría de la gente vivió resignada a lo que el destino le dio. Si se nacía pobre, era prácticamente impensable llegar a ser rico. Hoy, por lo menos en Norteamérica, tenemos mejores oportunidades, pero lidiamos con los sentimientos negativos que se producen cuando dichas oportunidades no se presentan en el momento que queremos, o cuando otros aprovechan sus oportunidades y nosotros no. Bajo estas circunstancias podemos actuar reactivamente: «¿Por qué no tengo lo que ellos tienen? ¡No es justo!»

En contraste, una pregunta proactiva sería: «¿Qué puedo hacer, a partir de este momento, para ser merecedor de las cosas que deseo en la vida?»

No es fácil actuar de esta manera, sin embargo es más sencillo si recuerda que la intención no es convertirse en santo, sino vivir proactivamente, anhelando conectarse con la Luz del Creador. Mientras más aspiremos a revelar la Luz a través de la realización de nuestro trabajo espiritual, más probable es que nuestros deseos se cumplan.

Debemos lograr que nuestras intenciones se mantengan puras.
El anhelo por la Luz es un sentimiento que se nos dio
para ayudarnos en la transformación espiritual.
Los celos y la envidia son distorsiones de este sentimiento
y corrompen el flujo de energía
de los Mundos Superiores. La Cábala enseña que no hay nada
que la inclinación negativa no intente corromper.

## Conozca todos los significados del miedo

Aunque es una emoción que por naturaleza tratamos de evitar, el miedo tiene un aspecto positivo. Si no sintiéramos miedo —de caer, de las víboras de cascabel, del fuego— probablemente no estaríamos aquí; en cierto sentido, el miedo nos hace sobrevivir en un mundo en el que hay muchos peligros. El mundo espiritual también tiene sus peligros. En determinado momento todos hemos sentido el impulso de realizar actos espirituales negativos como deshonestidad, traición o robo. Súbitamente nos invade una sensación muy parecida al miedo, que evita que demos el paso. La Cábala enseña que lo que hacemos y pensamos influye no sólo en los que nos rodean sino en el mundo entero, lo que ocasiona un miedo saludable que nos impide hacer algo que tendrá un efecto dañino.

Existen de hecho muchas formas saludables del miedo, como cuando alguien dice: «le tengo un miedo saludable al mar», o «le tengo un miedo saludable a las herramientas eléctricas». Esos miedos nos mantienen atentos sin llegar a paralizarnos, demuestran nuestra preocupación al peligro. La Cábala nos dice que estos miedos son mensajes del Creador para ayudarnos a conservar nuestro bienestar físico y espiritual. Con frecuencia una sensación de peligro inminente significa que *existe* posibilidad de riesgo y que es mejor cambiar el curso.

El miedo paralizante es cuestión aparte. La acción, como hemos mencionado, es parte esencial de la Cábala. La transformación no puede ocurrir si estamos atrapados en una esquina, sea física, emocional o espiritual. Aunque no hay duda de que el cambio puede producir miedo, aquí, como en todas las demás áreas de nuestro trabajo espiritual, debemos aceptar el desafío y acometer con toda nuestra fuerza. Para muchas personas esto significa superar miedos de muchas clases, incluso el miedo a no alcanzar nunca la meta. Para otros, el miedo paralizante se manifiesta de manera extremadamente tangible como fobia a los espacios cerrados, a las arañas o a un sinfín de posibilidades.

Desde la perspectiva cabalística, la clave reside en reconocer el origen común de todos los miedos paralizantes, ya sea que su punto de referencia se encuentre en el mundo físico o en nuestras mentes y corazones.

## No estamos solos

En el peor de los casos, el miedo nos provoca un estado mental de aislamiento que nos separa del resto del mundo y de la Luz del Creador. Más que volvernos hacia nosotros mismos debemos abrirnos a los demás y a Dios, reconocer que no estamos solos, que cuando enfrentamos nuestros temores, el Creador nos guía.

A la luz de esta noción de un Dios que nos ayuda, ¿cómo podemos explicar el énfasis que la Biblia hace en el «temor» a Dios, o en la virtud de las personas «temerosas de Dios»? Creo que se trata en gran medida de un problema de traducción. «Veneración» es una palabra que comunica con mucha más precisión el significado y la intención del texto bíblico. Ésta denota un elevado sentido de respeto que nos motiva internamente a comportarnos de manera espiritualmente correcta. No tiene nada que ver con el temor ni con el castigo físico. No se relaciona con la posibilidad de ser condenado a un infierno eterno de fuego y azufre, aunque esta lúgubre visión ha sido utilizada por siglos para aterrorizar a la humanidad.

Cuando estamos ante alguien a quien respetamos profundamente —un progenitor, un amigo o un colega— nuestro deseo de satisfacer sus expectativas con respecto a nosotros ciertamente no se debe a la posibilidad de que puedan inflingirnos algún daño físico. Por el contrario, nuestra conciencia de su amor y respeto es lo que en realidad influye en nosotros. Del mismo modo, cuando colocamos a Dios «siempre frente a nosotros» interiorizamos la certeza de que el Creador siempre está al tanto de nuestras acciones, y actuamos de manera natural. Si esto tiene que ver con el miedo, se trata sólo del miedo a no desarrollar nuestro potencial como seres de la Luz.

## Siempre cuídese de la ira

A veces rompe sobre nosotros como una enorme y lenta ola, y otras nos golpea súbitamente como un relámpago. La causa puede ser oscura o clarísima: alguien que dice algo equivocado, o no dice nada, o dice lo correcto en el momento equivocado. En un instante nuestro rostro se enciende, perdemos el habla y estamos a un paso de la violencia, se azotan puertas y se rompen platos. Una vez que se apodera de nosotros, no sólo olvidamos quienes somos, sino que nos convertimos en alguien más. La ira convierte al Dr. Jekyll en Mr. Hyde.

La ira provoca una desconexión instantánea y completa de la Luz, la oscuridad nos cubre. La Cábala dice que esto es porque la ira es fundamentalmente egoísta. Cualquiera que sea la circunstancia, estamos convencidos de haber recibido un dolor o un insulto inmerecido. Y como el ego niega la presencia activa del Creador en los acontecimientos de nuestra vida, reaccionamos con ira. En la jerarquía de ofensas contra el Creador, El Zohar coloca a la ira junto con la adoración de ídolos. Estamos prestos a sacrificar todo en honor de un dios falso, el Becerro de Oro que nosotros mismos hemos creado.

La Cábala nos dice que la ira tiene su origen en el mismo sitio que la tendencia a juzgar aunque con atributos de control, equilibrio y misericordia, el juicio expresa una intención de restaurar la estabilidad. La ira, por otra pare, es instrumento del caos. Nos conecta únicamente con el instinto destructivo. Nos hace perder el rumbo.

Ser consciente de las consecuencias puede ser la primera defensa contra la ira. Si comprendemos que al dejarnos llevar por la ira estaremos a un paso de desconectarnos completamente de la Luz, seremos capaces de decir no al ego y moderar con misericordia nuestros juicios. La Cábala nos enseña que debemos identificar la fuente de la ira como un mensajero del Creador, cuyos motivos siempre ven por nuestro bien. Todo lo que hace falta es un instante de conciencia clara para colocarnos más allá de las respuestas reactivas a la provocación, así podemos manejar la negatividad antes de que se vuelva incontrolable.

Todo esto ya se sabía hace miles de años. Está escrito:

**Aquel que no se deja llevar por la ira es mejor
que un hombre fuerte
y aquel que gobierna sus pasiones es mejor
que quien conquista una ciudad.**

## Abrace al amor

El amor es uno de los temas favoritos de la humanidad. El libro *Bartlett's Familiar Quotations* [*Citas famosas recopiladas por*

*Bartlett*], incluye no menos de mil entradas sobre el *amor*. El amor es tema de innumerables libros, periódicos de psicología, poemas y predicciones astrológicas. Hay amor romántico, amor por la naturaleza, amor fraternal, amor de los padres, amor físico y amor espiritual. Pero aunque el amor toma muchas formas, la Cábala considera que todas ellas derivan de la misma emanación del reino espiritual. Lo que define las clases de amor es si lo utilizamos para revelar y compartir la Luz del Creador, o si simplemente atrapamos y explotamos su Luz para satisfacer el deseo egoísta.

En una relación en la que dos personas colocan sinceramente las necesidades de su compañero antes que las propias, por ejemplo, podemos presagiar la realización profunda y duradera que alcanzarán cuando el mundo complete su transformación. En ese estadio final de la Creación nos reuniremos con el Creador y recibiremos todas las bendiciones de la Luz. Ésta es nuestra meta y nuestro propósito en el mundo, y el amor tiene el poder de hacer lo mismo cuando se le trata de manera adecuada. El matrimonio es sagrado porque en él *dos personas se convierten en una.*

Desgraciadamente, no siempre experimentamos el amor así, por lo general lo que llamamos amor se concentra en los sentimientos agradables que *recibimos* de otra persona, recibir es una parte importante en cualquier relación, pero el problema empieza cuando está antes que el dar. El amor concentrado en el yo coloca nuestras necesidades sobre las de otros. Es más probable plantear la pregunta equivocada «¿Qué es lo que obtengo?», que la acertada «¿Qué estoy dando?»

Por otra parte, el amor egoísta tiende a idealizar a su objeto y a oscurecer su identidad. Como resultado, los objetos de nuestro amor se vuelven casi intercambiables, ya que la persona real se diluye en una fantasía en la que nos proyectamos nosotros mismos. El ser humano desaparece y es sustituído por nuestras necesidades, deseos y pasiones. Amamos a la persona que *queremos* que sea más que a quien *es* en realidad. El amor egoísta hace que seamos ciegos a su individualidad como a sus necesidades. Es un amor regido por el deseo de recibir sólo para nosotros.

El amor egoísta es perecedero porque se basa en atributos inexistentes como su apariencia, el prestigio de su carrera o la cantidad de dinero que tienen en el banco. Bajo estas circunstancias, el amor sobrevive mientras el fundamento material se mantenga intacto. Necesitamos destacar de nuevo que cuando se explota una emoción en aras del deseo de recibir sólo para nosotros, la fuente de esa emoción en los Mundos Superiores se cierra. Si hacemos mal uso del amor podemos perder todas sus manifestaciones. Tal como con un niño travieso, algo que queremos desesperadamente debe quitársenos hasta que aprendamos a usarlo adecuadamente.

En el amor, como en todas las cosas, la Cábala nos pide concentrarnos en dar, más que en recibir. Pero como seres humanos, ésta no es nuestra inclinación natural. El amor verdadero, tal como el proceso de transformación, requiere que vayamos más allá de nosotros mismos, más allá de nuestra necesidad innata de recibir, hasta lograr colocar las necesidades de los demás antes que las nuestras. Cuando nos alejamos de la inclinación natural, nos acercamos más a la naturaleza del Creador. Comprendemos que *el amor verdadero es el amor de Dios.*

# Capítulo 8
## Las herramientas espirituales

En un capítulo anterior destacamos la necesidad que tenemos de la ayuda de Dios para lograr la transformación, así como la importancia de reconocer esa necesidad. Una vez comprendido, es tiempo de conocer las herramientas que el Creador nos ha dado para cumplir nuestro trabajo intelectual. En el nivel más elemental está nuestro cuerpo físico, nuestro intelecto y nuestras emociones. Tal como las herramientas de mano, éstas tienen la ventaja de que son fáciles de manejar, pero son tan familiares que podemos ignorar su verdadero propósito: revelar la Luz.

El Creador también nos ha proporcionado lo que podríamos llamar *herramientas espirituales eléctricas*. Éstas nos ayudan a terminar nuestro trabajo más rápidamente, pero son más difíciles de manejar. Existen muchas herramientas eléctricas, aquí le proporcionaré las más importantes.

Qué herramientas utilice y cómo las utilice es su elección. Pero recuerde: la transformación es el concepto central de la Cábala, y el propósito de cualquier herramienta —incluso de este libro— es ayudarlo a transformar el deseo egoísta en deseo de compartir. De eso se trata todo. Si las herramientas que utilizamos son cinco o quinientas, es irrelevante. A pie o en avión el destino es el mismo.

Sin embargo, si encontramos una herramienta que nos funcione bien, un viaje difícil puede volverse más fácil.

## Comparta

### Nuestra naturaleza interior

Un gran sabio, consejero cercano de un poderoso rey, tuvo un día una discusión con otros consejeros. El sabio creía que no era posible cambiar la naturaleza de un animal, mientras que los demás pensaban que sí, a través de la práctica y la enseñanza. Finalmente decidieron demostrárselo entrenando a un animal.

Unos cuantos meses después se sentaron con el sabio frente al rey, y cuando uno de ellos dio una palmada, entró un gato cargando una bandeja con comida. El animal llevó los alimentos hasta las mesas, y después de que terminaron el primer platillo, el gato retiró los platos. Después el gato siguió actuando como un mesero durante toda la comida.

Los consejeros estaban seguros de haber demostrado que el sabio se equivocaba.

—¿Ves? —dijeron—, sí se puede cambiar la naturaleza de un animal.

El sabio buscó en su bolsa y sacó una pequeña caja. La abrió y de ella salió un ratón. El gato tiró los platos y las bandejas y corrió tras el ratón.

Sonriendo, el sabio miró a los demás consejeros y dijo:

—Pueden hacer que un gato o cualquier otro animal actúe diferente, pero no pueden cambiar la naturaleza interior de un gato ni de otro animal.

Ahora bien, el ser humano no es como ningún otro animal. Sí, es *muy* difícil cambiar su naturaleza, mas no imposible. Debemos ser conscientes de esto si queremos lograr el propósito de nuestra vida. Tenemos que ir en contra de nuestra naturaleza para ser como el Creador, cambiar nuestro deseo de recibir para nosotros en deseo de recibir para compartir. El acto de compartir no es suficiente, necesitamos cambiar la naturaleza que está detrás de nuestras acciones.

La herramienta más efectiva para acercarnos al Creador es el acto de compartir sinceramente, y compartimos sinceramente cuando ponemos las necesidades de otro antes que las nuestras. Es una idea muy sencilla, pero difícil de realizar. De hecho, es lo más cerca que podemos estar de que nuestra naturaleza sea una y la misma con la de Dios; aunque sea complicado para eso fuimos hechos y es lo que anhelamos en el nivel más profundo de nuestro ser. Para que el deseo de compartir pueda liberarse, cada acto en el que compartamos sinceramente penetrará la armadura de nuestro deseo de recibir sólo para nosotros.

Imagine un mundo en el que las personas tuvieran en cuenta las esperanzas y los temores de los demás antes de pensar en sus necesidades, y que lo hicieran no por un beneficio o una recompensa, sino porque así lo quieren, por el simple gusto de hacerlo. Las guerras entre las naciones, el odio entre los individuos, la intolerancia y las animadversiones simplemente no existirán. Si pusiéramos las necesidades de los demás antes que las nuestras desaparecería la corrupción, el fanatismo, los celos y todas las formas del sufrimiento humano. Todo esto podría lograrse sin hacer referencia a Dios, la religión o la espiritualidad.

Compartir sinceramente es un remedio infalible para el malestar espiritual que aflige a gran parte de la humanidad. Pero si los beneficios son tan grandes, ¿por qué a las personas les parece tan complicado realizar este cambio o hasta considerar la posibilidad hacerlo? ¿Por qué, a pesar de las enseñanzas de la Cábala y de muchas otras tradiciones espirituales, es tan difícil amar a nuestro prójimo como a nosotros mismos?

Para responder hace falta aclarar dos cosas: primero, aunque compartir está grabado en nuestra esencia, hacerlo *va en contra de nuestra naturaleza*, el cuerpo humano es una expresión pura del deseo de recibir sólo para nosotros. El cuerpo no come, duerme ni se reproduce en beneficio de otros; éstas son cosas que él necesita, egoísmo simple y puro.

**En términos cabalísticos, compartir sinceramente es por definición actuar en contra de nuestros impulsos. Debe ir en contra de las necesidades de nuestra naturaleza humana.**

Cuando una madre alimenta a su hijo, por ejemplo, está compartiendo, la comida pasa de su mano a la boca del bebé. En el nivel emocional, los sentimientos de amor y afecto pasan de su corazón al del niño. Pero —y para muchos alumnos principiantes éste es un concepto difícil de asimilar— esto no es compartir en el sentido que le dan al término los sabios de la Cábala. Una madre que alimenta a su hijo no representa la trascendencia del deseo egoísta. Se trata de una *confluencia de intereses* más que de una transformación esencial de nuestra naturaleza. Aunque suena insensible, es una distinción fundamental. El verdadero acto de compartir, igual que la electricidad, genera Luz cuando atraviesa una resistencia. Ésta es la cualidad que la hace tan difícil de alcanzar, y tan poderosa cuando se tiene.

Una segunda razón de la escasez del impulso de compartir sinceramente es la competencia que enfrenta. La presencia del Creador, según enseña la Cábala, se manifiesta en el universo como Luz. ¿Pero qué tipo de Luz? ¿Se trata del caleidoscopio de neón del centro de Las Vegas, o del destello sobrecogedor de una explosión nuclear? Por el contrario, la Cábala compara la Luz del Creador con la delicada llama de una vela. Para poder entender y apreciar la Luz debemos darnos cuenta de que no puede competir con el movimiento vertiginoso de los placeres efímeros y las complacencias materiales. Es un principio curioso pero universal: lo que es mejor para nosotros al inicio es menos atractivo que lo que no necesitamos. Pocos niños preferirían beber jugo de zanahoria en lugar de refresco. La cantidad de personas que lee los tabloides de los supermercados es mayor que la que lee las grandes obras de la literatura o buenos periódicos. Las seductoras atracciones del mundo material pueden compararse con el deslumbrante destello de un foco de corta duración: por una fracción de segundo, éste es cientos de veces más brillante que una vela. Iluminar la casa de su vida con focos de corta duración puede resultar muy agotador, ya no digamos caro, y sin embargo esto es lo que muchas personas eligen hacer. Creen que su mundo se ilumina con ese destello súbito, cuando de hecho sólo sirve para cegarlos. Esta ceguera es lo que provoca que la mayor parte de la humanidad intercambie la realización auténtica de compartir por sustitutos superficialmente excitantes. Esto no quiere decir que la vida no deba ser agradable y divertida, pero la Cábala enseña que nuestros intereses más genuinos y profundos aspiran a más. Para que podamos ver la vela debemos dejar de quemar focos por un momento, y cuando comprobemos lo bien que se siente el alma, podremos olvidarlos de una vez por todas.

Aunque no recuerde los demás pensamientos de este libro, conserve éste en su mente:

**Compartir sinceramente basta para cambiar el mundo.**
**Esto no sólo se refiere a compartir objetos físicos,**
**sino a compartir la sabiduría**
**y la Luz del Creador.**

## Compartir en la práctica

### 1. Ser antes de hacer

Compartir es en primer lugar una cualidad interior del ser, sólo cuando se ha alcanzado la acción en el mundo real puede expresar el deseo auténtico de compartir. El fundamento de compartir no es la transferencia de objetos de un propietario a otro, sino la decisión de vivir como una persona que aspira a que su naturaleza sea una con la del Creador. Compartir, entonces, no significa ser caritativo, que es una herramienta espiritual distinta y bien diferenciada. Una persona que comparte hace un profundo compromiso de conectarse con la Luz, cuya naturaleza es darse. Al mismo tiempo, él o ella hace un compromiso igualmente firme de restringir y resistir la antítesis de la naturaleza de la Luz, que es el deseo de recibir sólo para uno. Finalmente, una persona que comparte utiliza diligentemente las herramientas de la Cábala para fortalecer y mantener esas intenciones.

Por lo tanto, el primer paso consiste en tomar la siguiente resolución de tres partes:

- conectarse con la luz;
- restringir el deseo egoísta;
- utilizar las herramientas espirituales de la Cábala.

Cuando se encuentre listo, asuma el compromiso con la mayor seriedad. Todo lo demás fluye como resultado de su decisión.

## 2. Sea inflexible e inclemente

Éstas son cualidades que normalmente no se enaltecen en los libros de desarrollo espiritual. No obstante, la Cábala nos pide que busquemos implacablemente el deseo egoísta en nuestras almas y que seamos absolutamente con él. Éstas son cualidades esenciales de una persona que comparte.

¿Cómo podemos descubrir al deseo de recibir sólo para uno, cuando está tan bien camuflado? La Cábala ofrece claves prácticas. Cuando un sentimiento sea avasallador, cuando un deseo nos resulte irresistible, cuando decir «¡Basta!» o «¡No!» parezca totalmente imposible, podemos estar casi seguros de que se trata de una expresión del lado negativo de nuestra naturaleza. Recuerde: la Luz es una vela, no un destello de fuegos artificiales. La verdad nunca es estridente y puede apagarse fácilmente, al menos por un rato.

¿Existen en este momento influencias en su vida que parezcan incuestionablemente poderosas? Si es así, cuestiónelas por todos los medios, despiadada y agresivamente. ¿Cuáles son los secretos sobre usted mismo que siente que debe mantener ocultos? ¿Qué cosas cree que debe revelar? ¿Quién siente que lo ha traicionado o que ha sido injusto con usted? ¿A quién está convencido de haberle hecho un daño irreparable? Esas luces que iluminan su pasado pueden ser tan deslumbrantes que le impidan ver todo lo que está ahí. Si baja el interruptor por un momento, ¿se encuentra solo en la oscuridad, o descubre el resplandor de una vela?

### 3. Las dificultades son más ficticias que reales

Hemos dicho que compartir es diametralmente opuesto a nuestra naturaleza humana. Por eso nos conflictuamos al compartir, como si se tratara de un obstáculo para llegar a la meta. Sin embargo, debemos entender que el conflicto es inherente a vivir en el mundo físico, que como enseña la Cábala, no es nuestro genuino «hogar» espiritual. En el mundo físico, compartir es como tratar de armar un rompecabezas en el que las piezas no ajustan bien. Se requiere voluntad y debemos aceptarlo, es lo más que podemos lograr en el mundo tal como está, sin ignorar que existe otra dimensión en la que todo embona perfectamente y donde la fuerza es innecesaria. Esa dimensión es nuestro verdadero hogar. Las acciones e intenciones en la actualidad son sólo instrumentos para conectarnos con ese nivel superior del ser. La dificultad que experimentamos al compartir deriva de la naturaleza del mundo físico —donde las piezas no ajustan— más que de nuestra esencia.

Esta idea ofrece otra perspectiva nueva sobre el trabajo espiritual de compartir. El esfuerzo que implica está orientado a regresarnos al hogar. Cada acción positiva fortalece nuestra conexión con esa fuente y por lo tanto disminuye los conflictos que experimentamos. Las acciones o las intenciones negativas, por otra parte, nos alejan de casa y multiplican los obstáculos en nuestro camino. Cuando aceptamos esta idea, se revelan los saludables beneficios espirituales que obtenemos al compartir.

¿Hay en este momento algún deseo egoísta o acción destructiva que lo esté tentando? Con ese deseo o acción en mente pregúntese si quiere hacer las cosas más fáciles o más difíciles para usted. ¿Quiere que el rompecabezas sea difícil de armar o está listo para que sea fácil? La respuesta puede ser más complicada de lo que parece. Tal vez tenga que realizar la acción negativa para descubrir dónde reside su interés real. Si quiere, hágalo. Si lo hace para aprender la lección, cualquier molestia que experimente valdrá la pena.

## Practique la caridad

La caridad es una subcategoría de compartir, pero la Cábala le concede especial atención. De hecho, ningún aspecto de la vida muestra tan claramente las enseñanzas cabalísticas como dar —y recibir— caridad. Los cabalistas dicen que la caridad auténtica no es la experiencia acartonada en que se convierte en la sociedad contemporánea. El dar caritativo —*tzedaka* en hebreo— no es algo que hacemos una vez al año para deducir impuestos. Es una parte fundamental de nuestra vida diaria, es una herramienta esencial para la transformación del ser. El hecho de beneficiar materialmente al receptor es valioso, aunque la Cábala se concentra más en los efectos espirituales que en resultados tangibles.

El poder de la caridad nace directamente de la característica preponderante de nuestra existencia en el mundo físico: el poder y la tentación permanentes de recibir sólo para nosotros. Como este deseo está grabado en nuestra naturaleza humana, la tarea es identificarla y resistirla cada minuto del día. La caridad es una herramienta esencial para ejercitar la resistencia, para convertirla en comportamiento proactivo y para conseguir la conexión con la Luz, logro que el comportamiento proactivo hace posible. El punto de vista de la Cábala sobre el significado espiritual de la caridad es muy complejo. Destaca que incluso para el que da, la caridad implica recibir tanto como dar.

**Como siempre en la Cábala, la acción correcta conlleva un beneficio personal.**

Cuando damos nuestro dinero, nuestro tiempo o nuestro apoyo emocional, nos acercamos al Creador. Cuando compartimos con los demás lo que tenemos, damos un paso hacia la unidad con Dios. Es un magnífico negocio.

Pero si dar caridad es un acto meritorio, ¿qué podemos decir del acto de recibir? Como recordará, de nuestra exposición sobre la Luz y la Vasija, la Cábala enseña que los regalos inmerecidos son poco benéficos para aquel que los recibe, por lo menos en el sentido espiritual. Recibir caridad no es una acción positiva en sí misma, pero puede llegar a serlo, depende de la conciencia y las intenciones del receptor.

Debemos recibir caridad con la conciencia de que estamos trayendo luz a la persona que nos da, y por lo tanto al mundo. Le estamos dando a esa persona una oportunidad para realizar una acción recta, y la Cábala enseña que proporcionar esa oportunidad es un acto meritorio. Tal vez esta manera de considerar la caridad le parezca insólita, extraordinaria. Los cabalistas la explican con una analogía: Cuando no hay huéspedes en una posada, el posadero no tiene nada que hacer, no puede realizar su deseo de ser un buen anfitrión, ni revelar su talento para serlo. Cuando finalmente llega un huésped, el posadero puede manifestar su naturaleza. Lejos de sentirse importunado por el huésped, el posadero le está agradecido por la oportunidad que le brinda. Cuando el huésped parte, el posadero puede decir con toda sinceridad: «sea lo que sea que yo haya hecho por usted, usted ha hecho más por mí». Con base en este ejemplo podemos interpretar el recibir caridad como una acción equivalente a la de dar. Cuando la rueda de la fortuna gire, necesitaremos la ayuda de los demás. No hay nada vergonzoso en ello, de hecho es una oportunidad para revelar Luz a través de aquellos que acudan a nosotros, y la Cábala nos pide que lo entendamos así.

Posteriormente encontrará algunas sugerencias para introducir en su vida la poderosa herramienta espiritual de la caridad. Aunque en muchas de ellas el dinero constituye el medio para dar, puede tomarlo de manera simbólica o literal. Si lo prefiere, puede sustituir en los ejercicios «dinero» con «amor», «aliento» o «palabras amables». ¡Pero asegúrese de que no lo hace sólo porque le parece más fácil! Analice su corazón para descubrir cuál es la forma de caridad que le resulta más desafiante. Puede tener la certeza de que será la más purificadora, transformadora y la que revelará más la Luz en usted.

## La caridad en la práctica

### 1. Dé todos los días

La caridad debe formar parte de su vida diaria. Para ser más específicos: siempre que esté a punto de realizar algo significativo en cualquier área de su vida —una transacción de negocios, un cambio en una relación personal o mudarse a otra zona del país— reconozca la importancia del momento con una contribución caritativa. También debe decir una breve oración para conectar el acto con la Luz. Exprese su intención de dar y compartir en nombre de Dios. Diga al Creador que usted quiere compartir la Luz que Él ha revelado en usted, para revelar así más Luz en todo el mundo.

### 2. Sepa qué dar

El valor de lo que usted da lo determina su corazón, no la Secretaría de Hacienda. Al mismo tiempo, sus contribuciones caritativas deben ser lo suficientemente significativas como para llamar su atención. Un estudiante de la Cábala ha desarrollado un buen procedimiento para determinar la cantidad de dinero que dedicará a la caridad en un periodo de doce meses. Poco después del inicio del año analiza someramente su situación financiera y determina cuánto podría dar cómodamente; entonces duplica la cifra. ¿Está usted listo para contraer un compromiso similar? Tal vez no, si su situación económica actual no lo permite. Pero para la mayoría de nosotros, el monto de lo que demos dependerá de cuanto anhelamos ser Vasijas para recibir la Luz. Es natural que algunas personas sientan que su situación financiera es demasiado apretada como para dar dinero a otros. La Cábala dice que los beneficios de dar pueden ser mayores cuando tenemos poco. Compartir es una oportunidad de experimentar la abundancia más que causa de pobreza y carencia. Y repito, el monto de lo que da es mínimo comparado con el significado que el hecho de dar imprime en usted. En este sentido, menos es más.

Una anécdota relacionada con un apostador profesional puede parecer fuera de lugar en un libro sobre la Cábala, pero ejemplifica muy bien este principio. Después de ganar una elevada apuesta en un juego de póquer en Las Vegas, el jugador otorgó una entrevista, el reportero recordó que en determinado momento el jugador apostó casi un millón de dólares en una sola mano. «¿No fue difícil arriesgar esa cantidad de dinero?» El apostador movió su cabeza de un lado a otro y rió. «Apostar un millón de dólares es fácil», dijo. «Es más difícil apostar un centavo, si es el último que nos queda». Del mismo modo, un millonario que dota de fondos a un hospital o a una biblioteca puede saber menos acerca de la experiencia real de dar que una persona que se sacrifica para compartir. La cantidad que destine a la caridad es adecuada, ¡siempre que duela un poco!

## 3. Empiece poco a poco

Para que la caridad se incorpore a su vida, lo mejor es ir poco a poco. Dar debe convertirse en un hábito más que en un acto ocasional.

A un empresario de Chicago le costaba mucho aceptar la importancia de la caridad. Estaba profundamente conmovido con la Cábala y había experimentado muchos cambios positivos en su vida desde que empezó a estudiarla, pero en cuanto al dinero, «pintaba su raya». Trabajaba duro para obtenerlo, y regalarlo era imposible aunque se tratara de pequeñas cantidades. En cierto sentido era positivo: como tenía resistencia a desembolsar cualquier cantidad de dinero, alcanzaría gran progreso con solo modificar su actitud. No debía hacer algo trascendental, no se pondría en peligro físico, emocional o financiero. Todo se reducía a enfrentar su resistencia.

Justo antes del Shabat el empresario discutió esto con su maestro de Cábala, y éste le propuso que durante toda una semana guardara el cambio que recibiera al hacer cualquier pago, al final donaría ese monto. La cantidad de dinero fue relativamente pequeña —menos de veinte dólares en total— pero apartarla representó un reto a la conciencia del empresario. Varias veces al día, su atención se concentraba en asuntos relacionados con la caridad, con ello enfrentó su resistencia. Los viernes por la tarde contaba el dinero y realizaba contribuciones caritativas. Normalmente hacía un cheque y lo enviaba por correo a alguna institución de asistencia. A veces dejaba propinas de diez o veinte dólares para los meseros del restaurante donde solía comer. Otras, regalaba el cambio aunque le era más difícil.

En cualquier caso, le sorprendía la sensación de bienestar que el dar le proporcionaba. Un día se descubrió deseando que llegara el viernes, le parecía completamente ilógico, iba en contra de su manera de abordar los negocios, aún así después de regalar dinero se sentía más rico. Conforme pasó el tiempo donó cantidades cada vez mayores.

Para hacer de la caridad el fundamento de su vida, tal vez necesite empezar poco a poco. Es perfectamente natural, lo más importante es ser consciente de lo que significa dar, y no desprendernos de ese conocimiento.

## 4. No alardee

Ya hemos mencionado el principio cabalístico que señala que lo que está oculto es más poderoso que lo que está a la vista. Esto alcanza a la caridad. La Cábala enseña que la forma más elevada de caridad ocurre cuando la identidad del que da es desconocida para el que recibe y viceversa. Por supuesto que no siempre es posible, pero el principio de discreción es esencial, ya sea que apoyemos a un individuo o a una organización.

Nunca espere recompensa o reconocimiento por dar caridad. Si siente la necesidad de ser reconocido por su apoyo, puede satisfacerle saber que su acción será finalmente conocida sin importar lo escondida que parezca. Mientras más tarde en revelarse la verdad, será más apreciada. Tal vez no sea una ley espiritual, pero es infalible.

Un estudiante de la Cábala me contó que acudió con su patrón para discutir un grave problema financiero, la esposa necesitó cirugía de emergencia durante el parto, pero la aseguradora se negó a cubrir la cuenta de diez mil dólares. El patrón se comprometió a hablar con la aseguradora y abogar por el estudiante. Una semana después le informó que la aseguradora había aceptado pagar la cuenta. No fue sino hasta después de la muerte del patrón que el estudiante se enteró que la cuenta de diez mil dólares fue pagada por él. Éste es un ejemplo de caridad en su forma más pura, también destaca el poder perdurable de la caridad. Siempre que el estudiante y su esposa ven a su hija saludable, recuerdan al hombre que pagó el costo de traerla a la vida, y su discreción hace que el afecto por él sea más grande.

## 5. Recuerde que el dinero no lo es todo

El Libro del Génesis de la Biblia presenta a Abraham el Patriarca como la encarnación misma del compartir y de la generosidad. El capítulo dieciocho del Génesis describe su avasalladora generosidad para con tres viajantes (de hecho eran tres ángeles) que se presentaron sin previo aviso frente a su tienda. Aunque Abraham tenía cien años de edad y se había practicado la circuncisión unos días antes, estuvo al servicio de los extraños. Aunque no había dinero de por medio, su comportamiento fue generoso, que no caritativo en sentido estricto. Para ser personas realmente caritativas debemos estar dispuestos a abrir no sólo nuestras carteras, sino también nuestros corazones y hogares a otras personas. Con frecuencia alguien necesitará una palabra o algo que comer más que una donación en efectivo. Además, muchas veces es más difícil relacionarnos con una persona necesitada que darle dinero, lo cual es una buena razón para iniciar el contacto personal.

En las leyendas de la Cábala el profeta Elías aparece a menudo disfrazado de mendigo o de trotamundos sin hogar, y aquellos que le ofrecen hospitalidad son recompensados generosamente. Usted puede creer o no creer que alguien que necesita su ayuda es Elías, pero puede y debe considerar a esa persona como una oportunidad para alcanzar la realización y la conexión con la Luz.

> Los grandes cabalistas de Safed tenían como norma
> poner atención al niño inocente y hermoso que está oculto
> dentro de cada persona. Sin importar su condición
> un niño necesita amor, cariño y aliento
> más que dinero.

Cuando sea caritativo recuerde este precepto y póngalo en práctica.

## Rece

Según el Libro del Génesis de la Biblia, Adán y Eva fueron expulsados del jardín del Edén por comer del árbol de la ciencia. La serpiente también fue castigada por provocarlo, se le condenó a arrastrarse siempre sobre su vientre y *a comer polvo todos los días de su vida*. Un gran sabio de la Cábala, el rabino de Kotzk, se sentía confundido por esto. ¿Cuál es el verdadero significado de este castigo? ¿No era en cierto sentido una bendición?

Después de todo, el polvo está en todos lados. A la serpiente nunca le faltaría comida, que es más de lo que pueden aspirar muchas personas en el mundo. ¿Y qué necesita una serpiente además de comida? ¿Cómo, se preguntaba el rabino, se libró tan fácilmente?

Después de algunas reflexiones el rabino entendió que como a la serpiente no le faltaba nada, su verdadero castigo consistía en que no tendría jamás motivos para pedir nada al Creador. Al dar a la serpiente todo lo que podía necesitar, él confirmó su intención de no volver a saber de ella. Éste era el castigo: fue apartada de la posibilidad de acercarse a Dios.

El Creador, por otra parte, *quiere* saber de nosotros. Él es como un padre amoroso que tiene hijos adultos, nada hace más felices a los padres que saber que sus hijos todavía los necesitan. El motivo explícito por el que visitamos a nuestros padres es menos significativo para ellos, que nuestro deseo de estar cerca.

**De igual manera, nuestra presencia proporciona al Creador gran alegría, y esta presencia se logra a través de la oración.**

Entre los estudiantes principiantes la oración es uno de los aspectos más persuasivos de la Cábala. Ellos *quieren* rezar, pero no están muy seguros de qué es la oración. Para disipar las dudas debemos aclarar varios malentendidos. Mucha gente cree que la oración es un trato, una negociación cuyos términos son a veces explícitos. Todos hemos escuchado historias de personas que pasaban por una crisis e intentaron regatear con Dios: «¡Dios mío, sálvame de esta avalancha y te alabaré todos los días!» «¡Dios mío, sácame de esta isla desierta y construiré un hospital!»

Quien ora de esta manera tiene la idea de que debe elogiar y alabar a Dios con el propósito de que las peticiones sean satisfechas. Una estampa del Talmud describe a un hombre parado ante el Arca de la Alianza declamando en voz alta sus oraciones. Con una larga lista de adjetivos colma de alabanzas al Creador: «eres poderoso, majestuoso, omnisciente, valeroso y único». El Talmud dice que rezar así es como ofrecer monedas de plata a alguien que posee una gran cantidad de oro. ¿Qué puede necesitar el Creador de nuestras oraciones? El halago puede ser eficaz en algunas áreas de la vida, pero es innecesario para el propósito de la oración.

La oración no es simplemente un medio para alcanzar un fin, ni una técnica para decir al Creador de manera convincente lo que queremos. Ni siquiera es un modo de informar a Dios sobre lo que necesitamos, pues de todos modos Él ya lo sabe. Debemos darnos cuenta de que la oración es un fin —inmensamente valioso— en sí mismo, una herramienta para abrir canales de Luz, un vehículo que nos lleva a Dios. Nuestras oraciones proporcionan alegría al Creador al tiempo que nos confortan. La oración nos purifica, nos eleva y nos transforma. La oración despierta nuestras almas.

La Cábala describe dos principios esenciales que debemos entender para experimentar los efectos de la oración. En primer lugar debemos reconocer el *significado intrínseco* del acto, debemos darnos cuenta de que la oración no sirve para obtener un resultado determinado en el mundo material, ya sea un auto nuevo o la cura de una enfermedad grave. La oración no provoca cambios en nuestras cuentas bancarias, nuestras vidas amorosas o nuestra salud física. Ayuda a cambiar —transformar— el estado de nuestras almas.

En segundo lugar debemos tener la certeza de que gracias a la oración lograremos nuestra meta espiritual. En otras palabras, primero hay que entender el poder de la oración, y después confiar en él. La duda es el mayor enemigo de la oración, incluso cuando sabemos que su propósito es la transformación interior más que el éxito o la abundancia en el mundo físico podemos dudar que su efecto transformador sea posible. Podemos creer que ya no tenemos esperanza, que la redención está más allá de nuestras posibilidades y que nos hemos «alejado demasiado».

La Cábala enseña que esto no es más que autodevaluación y otra cara de la arrogancia. Al decir que estamos más allá del alcance del Creador aseguramos que somos más fuertes que Dios, somos un problema que Él no puede resolver, somos una cerradura que Él no puede abrir. No hay una expresión más pura de la parte negativa de nuestra naturaleza que ésta. Si aprendemos a desterrar la duda de nuestras oraciones podremos dar un enorme paso adelante en nuestro viaje espiritual.

Rabí Moshe Chaim Luzzatto, cabalista del siglo XVIII, escribió con gran sabiduría sobre la oración y su lugar en nuestras vidas. Rabí Luzatto describió la posibilidad de que la oración fuera un acto de amor del Creador. Al darnos el poder de la oración, Dios nos da la oportunidad de experimentar Su presencia del modo más íntimo, de descubrirla no en el cielo, sino dentro de nosotros. Nada se puede comparar con la belleza de ese descubrimiento. La alegría que proporciona orar es la verdadera culminación de la unión con el Creador.

En cualquier discusión sobre la Cábala y la oración se debe mencionar la importancia del idioma hebreo. Como mencionamos antes, una enseñanza básica de la Cábala es que las letras del alfabeto hebreo son mucho más que la materia prima del lenguaje; son manifestaciones de la Luz del Creador. La Cábala nos dice que las letras hebreas y las creadas a partir de ellas son códigos de acceso que nos garantizan la entrada al reino espiritual. En determinadas combinaciones, las letras del alfabeto hebreo tienen el poder de abrirnos los canales de la Luz de los Mundos Superiores.

Por esta razón, hay algunas oraciones en hebreo que no sólo deben repetirse diariamente, sino varias veces al día. Esto no es únicamente por el significado de las palabras, sino por los códigos de acceso cifrados en ellas. Debajo de la superficie de cada oración se encuentra un sistema de caminos ocultos que llevan directamente a las emanaciones de la Luz.

Ésta es la razón por la que los cabalistas rezan en hebreo y utilizan las oraciones preescritas, por ello la Cábala nos insta a escudriñar el texto en hebreo aunque no podamos entenderlo. El significado superficial de un pasaje se expresa en la traducción, pero el poder espiritual deriva de la combinación de las letras del alfabeto hebreo en la página.

Reflexione acerca de la siguiente historia.

## Un corazón abierto

Era Año Nuevo y Baal Shem Tov tenía dificultades para rezar. Sus alumnos estaban muy preocupados. Nunca lo habían visto tan conflictuado como ese día. Ellos sabían, como todo el mundo, que Baal Shem Tov conocía todo lo conocible sobre la oración, se decía que sus oraciones atravesaban los setenta niveles de la súplica. El simple hecho de estar con él en la misma habitación abría canales de Luz desconocidos para las demás personas. Sin embargo, a pesar de todo su conocimiento, tenía dificultades y sus alumnos estaban preocupados.

Mientras tanto, en la parte trasera de la atestada sinagoga estaba un niño de cinco años en compañía de su padre. Éste, al igual que Baal Shem Tov, se concentraba en sus oraciones con todas sus fuerzas. El niño miró a su alrededor, como hacen todos los niños, y se encontró con que todos estaban sumergidos en sus oraciones. Contagiado por el espíritu de la congregación, el niño ansiaba más que ninguna otra cosa poder participar, demostrar su devoción. Con esta idea en mente, abrió el libro de oraciones. Observó los extraños garabatos de la página y, por supuesto, no pudo comprender nada. Cerró el libro. ¿Y ahora qué? No sabía qué hacer. Y claro, empezó a lloriquear. El niño hurgó en su bolsillo y sacó un pañuelo. Ahí, envuelto en el pañuelo, estaba un precioso y reluciente silbato.

El niño se sonó la nariz y contempló el silbato. Su madre debió haberlo escondido ahí para que jugara después del servicio. El pequeño pensó: «si hago sonar muy fuerte el silbato, Dios me oirá y sabrá cuánto quiero estar con Él». El niño miró a su padre y tiró de su saco.

—¿Qué quieres? —dijo secamente.

—Quiero sonar mi silbato —respondió el niño.

—Puedes sonarlo después del servicio —contestó el padre y regresó a sus oraciones.

«Hmmm», pensó el niño. «Después del servicio será demasiado tarde», y tiró del saco de su padre otra vez.

—¿Qué? —contestó molesto.

—Quiero sonar el silbato *ahora* —insistió el niño.

Su padre frunció el ceño, lo cual era una mala señal.

—No te atrevas —amenazó en voz baja y regresó a sus oraciones.

Lo que ocurrió después no está claro, qué fue lo que orilló al niño a desobedecer a su padre es un misterio, tal vez sólo era obstinado, o quizá fue impulsado por algo más fuerte que su padre. En cualquier caso, en una sinagoga en la que sólo se oían los discretos murmullos de quinientos devotos, el niño llevó el silbato a su boca y sopló con todas sus fuerzas.

El padre del niño casi se muere del susto. No podía creer lo que había pasado, agarró al pequeño y le arrebató el silbato. Todos los estaba viendo. No sabía qué hacer, no era un hombre inclinado al castigo corporal, pero tal vez había sido demasiado indulgente con el niño. En cualquier caso, ¿qué importaba ahora? El daño ya estaba hecho. Intentó articular una explicación para la congregación, pero antes de que algo inteligente pudiera salir de su boca, fue interrumpido por una voz amable y bien conocida:

—¿Usted sonó el silbato?

Era Baal Shem Tov en persona.

—Oh, bueno... —dijo el padre viendo que el silbato estaba en su mano— de hecho fue mi hijo. Pero sólo tiene cinco años y...

Baal Shem Tov dirigió su atención al niño.

—¿Tú sonaste el silbato?

El niño asintió valientemente.

—¿Por qué? —preguntó Baal Shem Tov.

—Porque no sé leer y quería hablar con Dios como todos los demás —contestó el pequeño.

El padre del niño comenzó a disculparse, pero Baal Shem Tov le dijo:

—Quiero que sepa que su hijo abrió con su silbato más puertas hacia el Creador que las que yo hubiera podido abrir con todo mi conocimiento, mis oraciones y mis meditaciones. Gracias.

Esta historia ejemplifica los riesgos de concentrarse en el aspecto técnico de la oración —o de la Cábala misma— en deterioro de los auténticos fundamentos espirituales. El poder de la oración reside en nuestro deseo de cercanía con el Creador, y en el deseo de cercanía con nosotros por parte del Creador. Independientemente de que usted rece en hebreo o en español —o si sólo mira a su alrededor pensando en el Creador— nada puede sustituir un corazón abierto.

## Cómo rezar

### 1. Ame a su prójimo

Rabí Isaac Luria, el gran cabalista del siglo XVI, enseñó que cada oración debe ir precedida por un compromiso sincero con uno de los preceptos fundamentales de la Cábala: «Ama a tu prójimo como a ti mismo». Esto no puede hacerse como rutina. No se trata de recitar una fórmula. Debe ser un momento de atención en el que nos comprometamos a sentir amor por otros seres humanos, y nos preocupemos por su bienestar tanto como por el nuestro.

Cuando establecemos este compromiso, explican los cabalistas, nuestras oraciones fluyen junto con las de millones de personas, multiplicando así su poder. Esto no es sólo una metáfora. La Cábala describe las oraciones en términos de energía física manifiesta, similar a la electricidad o la energía hidroeléctrica. No podemos ver ni oír el poder de la oración, pero de ninguna manera se trata de una abstracción, y sus efectos prácticos han sido bien documentados.

## 2. Sustituya la duda con certeza

Hace más de doscientos años, el gran cabalista Rabí Elimelech hizo algunas observaciones sobre la oración que pueden tocar fibras sensibles en muchos de nosotros actualmente. Rabí Elimelech enseñó que cuando rezamos, aparece junto a nosotros un ángel negativo que nos susurra al oído: «¿Para qué rezas? ¿De veras crees que puedes cambiar después de todas las cosas horribles que has hecho? Ya es demasiado tarde; rezar no te servirá de nada».

Si la oración está empezando a formar parte importante de su vida, tal vez ya haya oído ese susurro. Quizás haya experimentado algunas dudas. Puede ser que cuando esté rezando, una parte de usted se pregunte: «¿Servirá de algo todo esto?»

No es conveniente ignorar esos sentimientos, pero tampoco debe creer en ellos. Recuerde que las oportunidades de transformación positiva atraen a lo negativo tan inexorablemente como la comida de un día de campo atrae a las hormigas. Para eliminar estas inseguridades compruebe primero que no está cayendo en la trampa de negociar con el Creador. Si le preocupa que sus oraciones no funcionen, puede que lo que en realidad le preocupe sea saber si va a obtener lo que quiere. Ése no es el propósito de nuestras vidas, y es una interpretación incorrecta del significado de la oración.

Nuestro propósito es llegar a ser aquello para lo que fuimos creados, y el Creador ya nos está dando exactamente lo que necesitamos en este preciso instante para alcanzar esa meta. Cuando usted comprenda esto, entenderá que las oraciones no pueden funcionar, o no funcionar, como si fuera un juego de azar. Un «fracaso» sólo puede ocurrir cuando no tenemos esa conciencia clara que promueve la conexión con la Luz. Alcanzar esa conciencia depende de nosotros. No se trata de que Dios nos escuche y nos conceda nuestros deseos.

Una vez que haya entendido que la oración no es para negociar, es esencial sustituir la duda con la certeza. Puede hacerlo de manera muy directa, tal vez con una nueva oración que trate explícitamente sobre sus dudas. No debe rezar si aún alberga estos temores e intenta ignorarlos. Si percibe dudas dentro de sí, atrape la energía de esas dudas rezando para que sean remplazadas por la certeza. Hay una oración hebrea que sirve específicamente a este propósito, pero tal vez usted prefiera poner en palabras sus propias emociones. Si se siente desconectado del Creador y de su Luz, exprese sus sentimientos. Sin embargo, no pida a Dios que los desaparezca, mejor hable de su deseo de cambiar y de su intención de convertirse en una Vasija digna de la Luz. Acepte su responsabilidad, entonces, cuando el cambio ocurra, podrá apreciarlo con plena aceptación de que usted se lo ganó.

## 3. Rece como más le acomode

Muchas oraciones en hebreo están hechas para recitarse en voz alta. Así como las letras del alfabeto hebreo tienen poderes espirituales intrínsecos cuando están impresas sobre una página, la palabra hablada tiene un poder similar. Pero las oraciones en español pueden decirse en silencio o en voz alta. La decisión es suya.

Rabí Nachman de Bratzlav, un gran sabio del siglo XVIII, descendiente de Baal Shem Tov, era conocido porque sus oraciones eran «conversaciones con Dios». Rabí Nachman discutía, alegaba y razonaba con Dios en la lengua yiddish vernácula, a menudo gritando y llorando; cualquier cosa con tal de llegar a ser digno y fuerte espiritualmente. La mayoría de las veces lo hacía en privado, en ocasiones recluyéndose en una buhardilla o bodega, pero ciertamente no ocultaba esta forma de rezar a sus alumnos.

Pueden pasar años antes de que la oración esté lo suficientemente arraigada en nosotros para que alcance este grado de espontaneidad, pero es algo a lo que debemos aspirar. Esta forma de rezar representa un sentido de intimidad con el Creador que está lamentablemente alejado de la experiencia de la mayoría de las personas. También expresa un profundo grado de concentración que es esencial no sólo para la oración, sino para todas las herramientas espirituales de la Cábala.

La palabra que define este tipo de concentración en el idioma hebreo es *kavanah*. Para la mayoría de los alumnos la oración en silencio es el mejor método para alcanzar este estado. Con el tiempo muchos empiezan a sentirse cómodos rezando en voz alta. Cualquiera que sea el caso no hay nada de qué avergonzarse. Baal Shem Tov fue muy claro al respecto, dijo que si un hombre se estuviera ahogando y agitara los brazos como un loco, jamás se nos ocurriría burlarnos de él, estaría tratando de salvar su vida. Del mismo modo, las personas que gesticulan mientras rezan intentan evitar ser arrolladas por las influencias negativas que pretenden alejarlos de la Luz. De eso se trata la oración. Rece como más le acomode.

## 4. Rece por los demás

Rezar por otros es una de las manifestaciones más poderosas de la intención de compartir. Como expresó hermosamente el cabalista Rabí Elimelech, esta forma de oración representa una especie de abrazo espiritual, una fusión al nivel de las almas. Cuando rezamos por otra persona nos relacionamos con ella en una dimensión que trasciende las separaciones de nuestros cuerpos físicos. Nos hacemos uno con el objeto de nuestras oraciones. Damos nuestra fuerza a otra persona y provocamos que sea tan completa y sana como nosotros. Igual que con otros tipos de oración, cuando recemos por los demás no hace falta pedirle al Creador resultados físicos, específicos o tangibles. Pida sólo que la Luz se revele en ellos, que tengan la fuerza para seguir su camino espiritual y que el propósito de sus vidas se cumpla.

Pensando en estos principios, ¿hay alguien en este momento a quien usted crea que le pueden ayudar sus oraciones? Diga sin vacilaciones una oración por esa persona en este momento. Es seguro que él o ella se va a beneficiar, usted se beneficiará también.

## 5. Comprenda las respuestas

A veces las personas se sienten frustradas con respecto a las oraciones. Esto ocurre especialmente cuando se proponen un resultado específico. «Recé para que me aceptaran en Harvard pero sólo conseguí quedarme en la lista de espera». «Recé porque quería un auto nuevo y al día siguiente el usado se descompuso». «Recé para que me dieran un aumento y lo único que logré fue que me despidieran». Estas oraciones caen en la categoría de negociación espiritual, debemos reconocer también otra posibilidad muy significativa: no es que las oraciones no hayan sido respondidas; es que la respuesta fue «no». Cuando éste sea el caso debemos darnos cuenta de que el «no» es lo mejor para nosotros, independientemente de lo injusto que parezca, de hecho debemos ofrecer una oración agradeciendo al Creador por darnos exactamente lo que necesitamos y por retener lo que no.

Otro indicio de que nuestras oraciones parecen no haber sido respondidas se relaciona con nuestra condición espiritual al momento de rezar. Actualmente las energías negativas son muy poderosas, su interferencia trata de impedir que lleguemos al Creador, es necesario fortalecer nuestras oraciones a través del trabajo espiritual. La situación puede compararse con una estación de radio que intenta transmitir durante una tormenta, si la señal es débil, la electricidad estática ahogará la transmisión, mientras que una señal fuerte se escuchará claramente. Cuando rece pregúntese si merece la respuesta que desea, o incluso sólo una respuesta. Como siempre, se trata de aceptar nuestra responsabilidad.

**Si quiere obtener algo, sea la persona que debe ser. Si reza para ser esa persona, las cosas que desea llegarán por sí solas.**

## Practique el Shabat: el Sabbath

Antes de que el mundo fuera creado, Dios comprendió lo difícil que iba a ser la tarea espiritual de la humanidad. El Creador supo que los seres humanos iban a necesitar toda su ayuda. De acuerdo con la enseñanza cabalística, el Creador habló con Moisés en el estado primordial. Le dijo que Él tenía solamente una gran joya en su tesoro, y que había decidido dársela a la humanidad. Era el Shabat, el día del Sabbath.

## Nada es más importante en la Cábala que el concepto del Shabat y su cumplimiento.

La luz que obtenemos de cualquier acto espiritual depende de nuestra comprensión del poder de la acción, de ahí la importancia de reconocer, apreciar y explorar continuamente el poder del Shabat en nuestras vidas. Nuestra tarea en este mundo *es* difícil, y mientras más cerca estemos de la transformación, ésta más se complica. Cada día hay nuevos desafíos y tentaciones, nuestro trabajo espiritual y el trabajo físico requieren perseverancia, diligencia, esfuerzo: sudor. Al final de la semana puede que estemos rendidos, exhaustos y sin fuerzas, consciente de esto, el Creador nos dio el Sabbath, un solo día para descansar y amainar el paso (si es lo que queremos hacer).

Un iniciado de la Cábala me comentó sobre el tremendo atractivo que ejercía con él la idea misma del Shabat. «Todos los días están cargados de responsabilidades», me dijo, «Mi esposa y yo tenemos empleos de tiempo completo, hay cuentas por pagar, el coche necesita cambio de aceite, la casa pintarse, los niños acuden a cientos de actividades. Qué confortable que exista un día en el que todo quede en suspenso. Un día de auténtico descanso». ¡Y es cierto! El Shabat es un tiempo en el que usted puede dormir todo el día o ir a la playa. Creo, sin embargo, que hacerlo sería desperdiciar una gran oportunidad.

Suponga que todos los supermercados se pusieran de acuerdo y decidieran hacer algo para agradecer a sus clientes, por un solo día todos los artículos serían gratis. Las personas podrían simplemente llenar sus carritos y llevarse lo que quisieran, en los viajes que desearan. ¡Vengan! ¡Vengan todos!

Si algo así ocurriera, indudablemente habría filas kilométricas de automóviles tratando de llegar a los supermercados. Las personas dejarían todo a un lado para aprovechar esa maravillosa oportunidad, todos necesitamos comida, y el sentido común nos dice que es mejor adquirirla cuando es gratis que cuando no lo es. Sin embargo, no todos aprovecharían esa oportunidad. A pesar de la gran cantidad de gente que acudiría a las tiendas, muchos preferirían ir al cine, pasar el tiempo con sus amigos o quedarse en la cama. Para muchos, no aprovechar la oportunidad no sería una decisión consciente. No actuarían a causa de la inercia.

Del mismo modo, el Shabat es un día en el que el alimento espiritual está disponible para todos sin costo y sin condiciones. El único límite para la Luz que obtenemos durante el Shabat es nuestra capacidad de absorberla como Vasijas de Luz. Es posible aprovechar esa oportunidad preparando la Vasija con las herramientas de la Cábala. Como siempre, en cuestiones espirituales no hay coacción, tenemos libre albedrío. Podemos elegir el comportamiento pasivo en vez del proactivo a pesar de que cada Shabat es una oportunidad que nos da Dios para lograr nuestro propósito de conectarnos con la Luz.

De acuerdo con la enseñanza cabalística, en el Shabat volvemos a la condición espiritual de Adán en el jardín del Edén antes del pecado original, en el Shabat sólo hacemos trabajo espiritual para atraer y revelar la Luz del Creador, ese día, nuestro deseo de recibir sólo para nosotros no obstaculiza nuestra conexión con la Luz. Ésta es la verdadera grandeza del Shabat. Independientemente de nuestra inmersión en el deseo egoísta, en el Shabat recibimos la oportunidad de purificarnos, no como premio a nuestros méritos, sino como un regalo del Creador. Ascendemos a un estado total de purificación y no sufrimos las limitaciones inherentes a la materia.

El Shabat emana la energía pura de la Luz. Es una ventana al futuro, cuando la humanidad sea transformada y los días se inunden de alegría por la unidad con el Creador. El Shabat es el único día en el que no se nos pide *ganar* nuestra transformación. La Luz del Shabat es tan grande que no podríamos ganarla. Sólo se nos pide una cosa: que nos preparemos como Vasijas dignas de recibir a la Luz.

Mencionamos antes que la Luz que revelamos depende de la comprensión que tengamos de nuestro poder para revelar esa Luz. Hay una ley relativa al Shabat que se relaciona con ella: «La cantidad de Luz que revelamos en el Sabbath equivale a nuestra comprensión de cuánta Luz hay disponible. Esa cantidad de Luz es ilimitada».

El Shabat es entonces un día en el que estamos libres de las responsabilidades mundanas que ocupan nuestras vidas el resto de la semana, pero no es un día para no hacer nada, por el contrario, la Cábala nos presenta toda una gama de actividades y prácticas que inician la tarde del viernes y se prolongan hasta el sábado en la noche. Éstas, además de ser poderosas espiritualmente, enriquecen la interacción humana.

Por ejemplo, en muchas familias, incluyendo la mía, el Shabat se recibe el viernes por la tarde con una antigua canción llamada «*Lecha Dodi*». Aunque al momento de escribir esto mi hijo David tiene sólo dos años, sabe cuando llega el Shabat y le fascina cantar esta canción. Es difícil describir la alegría que me invade en esos momentos, y sé que muchas familias más sienten lo mismo. Es la felicidad de saber qué vinimos a hacer a este mundo y que lo estamos haciendo. Nuestro propósito es alcanzar la unidad con el Creador, y en el Shabat existe la certeza de que vamos por buen camino, es fácil y muy divertido.

Los efectos espirituales se amplifican en el Shabat. Las oraciones tienen más influencia; los alimentos tienen poder para beneficiar el cuerpo y el alma; el estudio de los textos espirituales es más profundo y revelador. El Sabbath es una ocasión para celebrar, es como si lleváramos una moneda mágica durante toda la semana en el bolsillo; cuando nos sentimos cansados o abatidos, esa moneda representa una luz al final del túnel. El Sabbath nos garantiza la oportunidad de rejuvenecimiento y alegría para el sábado.

Cada semana hay para mí un momento especialmente hermoso justo al final del Shabat. En el Centro de la Cábala, el sábado por la tarde hay siempre una comida ligera, después, cantamos algunas canciones hebreas. Esto se ha llegado a conocer como «la tercera comida», para distinguirla de la cena de Shabat del viernes por la noche y del desayuno del sábado. La tercera comida se considera un momento espiritual muy significativo, se cree que deriva de una enseñanza de Rabí Yehuda Ashlag. Justo antes de que el universo naciera, el pensamiento de la creación ya existía en lo que podemos llamar la mente del Creador, y ese pensamiento contenía la totalidad de lo que vendría. De igual modo, el último momento del Shabat concentra todos los momentos de la siguiente semana. Si llenamos ese instante con alegría, amor y unidad con Dios, podemos hacer que los siguientes siete días se inunden de Luz. De principio a fin el Shabat es en verdad un gran regalo.

## Cómo observar el Shabat

La Cábala es un derecho inalienable de toda la humanidad, no pertenece a ninguna religión o grupo étnico. Es el equivalente espiritual del fuego, del aire, de la luz solar o de cualquier otro elemento de la naturaleza.

Esos elementos están disponibles para nosotros simplemente porque existimos. Es cierto que podemos elegir permanecer encerrados toda nuestra vida, pero si decidimos salir en cualquier momento el mundo estará esperándonos. Usted puede empezar a observar el Shabat de la manera que más le acomode, conforme transcurra el tiempo tal vez quiera tomar parte en prácticas más formales, no porque sea lo «correcto», sino por acceder a herramientas más poderosas para alcanzar la Luz de ese día sagrado. La elección es suya. La clave está en descubrir hasta dónde ha llegado en su viaje espiritual, que reconozca su deseo de avanzar y que sepa que la Cábala está siempre a la mano para ayudarlo en ese proceso.

Aquí hay algunas sugerencias para integrar la experiencia del Shabat a su vida. No existen condiciones, el único requisito es el deseo sincero de conectarse con la Luz de ese día especial.

## 1. Vista algo especial

Desde tiempos de Rabí Isaac Luria y los otros grandes maestros de Safed, la Cábala se ha relacionado con la ropa blanca, especialmente en el Shabat. Más que el color, lo importante es usar algo distinto de lo que se usó durante el resto de la semana. Si usted se vistió de blanco de domingo a viernes, debe ponerse *otra* ropa blanca en el Shabat.

En el transcurso de la semana lave y aparte lo que piensa usar el sábado. Esta preparación es una manera de prolongar la experiencia del Shabat toda la semana. Nos recuerda que se acerca un día especial, aunque los demás días puedan parecer iguales.

## 2. Sea caritativo

El viernes por la noche (*erev Shabbat*, en hebreo) es el momento en el que tradicionalmente se ayuda a los demás. Esto debe hacerse con naturalidad, sin timidez, ni ostentación. La caridad ciertamente beneficia al receptor, pero la Cábala enseña que la generosidad es más que sólo altruismo, espiritualmente el beneficio es para usted, pues se prepara como Vasija para recibir la Luz.

### 3. Celebre la llegada del Shabat

La llegada del Shabat es un acontecimiento espiritual, recibir el Shabat al aire libre es una bella manera de reconocer la conexión entre el espíritu y la naturaleza. En Safed se reunían en los campos cuando las sombras de la noche descendían sobre las montañas; en nuestros días, incluso en el medio urbano, es posible recibir el Shabat al aire libre. Hay una sensación especial en las calles de los barrios que celebran la llegada del Shabat, muchas personas afirman que la luz es muy distinta los viernes por la tarde. Descubrirlo usted mismo le dará una nueva percepción de la celebración del Shabat.

### 4. Cante canciones del Shabat

La hermosa canción «*Lecha Dodi*» es la bienvenida tradicional al Shabat. Eso es sólo el principio, las canciones son una parte maravillosa de la comida del Sabbath, y se dice que las voces que cantan en el Shabat dan gran alegría al Creador. ¡También se recomienda bailar!

### 5. Dé la bendición

El Shabat es un momento en el que la Luz del Creador está totalmente disponible, la Cábala enseña que los padres son los canales a través de los cuales los niños reciben la Luz. Es responsabilidad de los padres bendecir a sus hijos e hijas para conectarlos con la Luz. La bendición del Shabat se da de una manera particular y muy poderosa: los padres colocan amorosamente sus manos sobre las cabezas de sus hijos, éste es un momento para meditar sobre la maravilla del contacto físico como expresión de la conexión espiritual, y para recordar que la Luz que traemos a nosotros y a nuestros hijos depende de nuestra comprensión y del agradecimiento al Creador por el regalo del Shabat. El momento de la bendición es una parte hermosa de la celebración.

Se dice que el gran cabalista Rabí Simón bar Yochai enseñó esta parábola: el Séptimo Día se mostró ante el Creador y le dijo con tristeza: *Los demás días vienen de dos en dos. Cada uno tiene su alma gemela, pero yo estoy solo.* Y el Creador le contestó: *La humanidad entera será tu alma gemela, y tú serás el compañero de toda la vida de cada ser humano.* Como en cualquier relación profunda y sólida, nuestro compromiso con el Shabat requiere comprensión, atención y cierto grado de sacrificio. Cuando cumplimos con nuestra parte, el Shabat nos recompensa a la milésima potencia. Se ha dicho desde la antigüedad que quien observa sinceramente el Shabat cumple con toda la Torá. Desde la perspectiva cabalística, no puede haber una declaración más elocuente de la importancia suprema y de la belleza del Shabat.

## Celebre los días festivos y los milagros

La Pascua, *Pesach* en hebreo, es uno de las prácticas festivas más hermosas y transformadoras. Una parte fundamental de la celebración es una reunión magnífica y prolongada en la que el miembro más joven del grupo expresa cuatro preguntas tradicionales: la primera de ellas —«¿Por qué esta noche es diferente a todas las demás?»— bien puede plantearse en cualquier día festivo o celebración ritual; para la mayoría de las personas la respuesta podría parecer obvia: «celebramos días festivos para conmemorar algún acontecimiento notable del pasado».

Aunque es cierto cuando se trata de días festivos basados en algún acontecimiento histórico, como el cuatro de julio o el día del presidente, definitivamente no lo es con respecto a las celebraciones espirituales de la Cábala. Aunque hay días festivos como la Pesach que coinciden con las fechas de antiguos milagros, el propósito de estas celebraciones es algo más relacionado con nuestras vidas que simples remembranzas. Los días festivos son una oportunidad no sólo para conmemorar acontecimientos extraordinarios, sino para conectarnos con la energía espiritual que los hizo posibles. Una parte de la celebración de la Pesach, por ejemplo, tiene que ver con las diez plagas que ayudaron a liberar a los hijos de Israel de la esclavitud en Egipto.

Pero la Cábala enseña que Egipto debe ser entendido aquí no sólo como el lugar en donde están las pirámides, «Egipto» es una palabra en clave que representa la esclavitud a la que nos somete el deseo egoísta y el materialismo. Celebramos la Pesach para conectarnos con la Luz que permitió aquella liberación en el pasado y que también puede liberarnos ahora; las diez plagas, además, son diez oleadas de Luz que ayudan a destruir la oscuridad y la negatividad del deseo de recibir sólo para nosotros. Cuando en la Pesach recordamos las diez plagas, no lo hacemos como ejercicio histórico, sino para ser purificados por esta Luz tal como fueron purificados nuestros antecesores, no sólo en Egipto, sino en todos los lugares y todas les épocas en que se ha celebrado este día festivo. Los días festivos son herramientas especializadas que podemos utilizar para conectarnos con formas particulares de energía espiritual. Por supuesto, también podemos elegir ignorar esas herramientas, como muchas personas lo hacen. O si no ignoramos por completo los días festivos que el Creador nos ha dado, podemos malinterpretarlos como simples conmemoraciones.

Del mismo modo, los milagros pueden entenderse como acontecimientos extraordinarios que parecen ignorar las leyes de la naturaleza, sin embargo, tal como con la interpretación convencional de los días festivos, la Cábala enseña que hacerlo constituye un error fundamental. Los milagros, a veces, involucran acontecimientos espectaculares que revelan la Luz del Creador del mismo modo que un relámpago revela electricidad en el aire. Pero los milagros están ocurriendo siempre; si nos parecen extraordinarios, la causa está en nosotros.

Según la Cábala, un milagro es una manifestación de la Luz en el mundo físico, la Luz se presenta continuamente, cada segundo del día. ¡Si tan sólo tuviéramos la conciencia para reconocerlos!

Esta enseñanza aparece continuamente en los textos cabalísticos y en la Biblia misma. En el capítulo 22 del Libro del Génesis, Abraham, su hijo Isaac, dos criados y un asno caminan hacia el pie de una alejada montaña, observan la cima —en la que uno de los incidentes más dramáticos de la Biblia está a punto de ocurrir: el *akideh*, la Ligadura de Isaac, en la que Abraham muestra su deseo de acatar incluso las pruebas más desafiantes del Creador. De acuerdo con un *midrash*, o comentario sobre la Biblia, Abraham preguntó a su hijo qué veía, Isaac contestó que había una gran columna de fuego en el pico de la montaña. Cuando Abraham hace la misma pregunta a los criados, éstos contestan que no ven nada extraordinario. Entonces Abraham les dice: «Ustedes no ven nada y el asno tampoco. Quédense con el asno entonces». Él e Isaac subieron solos por las veredas de la montaña.

Con respecto a los milagros que ocurren en todo momento, muchos de nosotros somos como los dos criados, ¡y como el asno! *Tenemos ojos pero no vemos, tenemos oídos pero no oímos.* Rav Berg cuenta una historia que ilustra esta idea: Una mañana un hombre conducía hacia su trabajo, en un crucero otro vehículo ignoró la luz roja del semáforo. Hubo un accidente, el hombre sufrió daños cerebrales graves. Rápidamente llegó una ambulancia que lo llevó al hospital, pero el único neurocirujano que podía salvar su vida había salido de trabajar hacía una hora, para entonces seguramente habría llegado a su casa. Podían llamarle por teléfono, pero tardaría al menos tres cuartos de hora en regresar al hospital. Era más de lo que el herido podía esperar.

Entonces ocurrió lo inesperado, el neurocirujano apareció súbitamente en el hospital, había olvidado un regalo que planeaba llevar a casa para su esposa, y regresó al hospital para recogerlo. Como resultado, el hombre herido salvó su vida.

¿Es esto un milagro? Tal vez sí, uno muy obvio, pero recuerde que la Cábala enseña que lo sutil y velado es siempre más poderoso que lo explícito y evidente. Suponga que el hombre que resultó herido en el accidente hubiera dejado caer sus llaves al momento de encender el auto. El tiempo que hubiera tardado en encontrarlas habría sido suficiente para evitar la colisión con el otro coche. Si esta parece una circunstancia menos milagrosa que la del olvido del regalo por parte del neurocirujano, es sólo porque previene el problema en vez de resolverlo. ¿No es entonces un milagro más grande en vez de uno más pequeño?

La Cábala nos dice que estos milagros ocultos ocurren todo el tiempo. Si compartimos y actuamos con generosidad en la vida diaria nos hacemos merecedores de estos regalos divinos. En nuestros corazones y a través de nuestras acciones nos conectamos con la Luz y evocamos el amor del Creador de maneras ocultas. Hay una oración especial, la *mizmor l'todah* (oración de gracias) con la que podemos agradecer los milagros ocultos que ocurren a cada momento.

Puede sonar simplista decir que todos los días son días de fiesta y que cada uno está lleno de milagros, pero es cierto, el milagro es en realidad un reflejo del estado de nuestras almas, de la precisión de nuestro conocimiento y de nuestra elección de usar las herramientas espirituales que el Creador nos ha dado.

## Haga que los milagros ocurran

### 1. Cambie su perspectiva

El pensamiento común define a los milagros como acontecimientos insólitos que parecen ignorar las restricciones de la realidad cotidiana, son hechos sorprendentes que se reciben con asombro. En realidad, lo extraordinario de los milagros se debe más a nuestras expectativas que al acontecimiento mismo.

**Los milagros ocurren no sólo cuando esperamos
lo milagroso, sino cuando empezamos a quererlo.**

Ésta es una manera insólita de pensar, pero con ella podemos trascender los límites que la mayoría damos por sentados.

Una forma de iniciar el proceso es poner en duda lo obvio. Piense, por ejemplo, en un objeto por el que sienta gran estimación, identifíquelo y una vez que lo haya hecho, regálelo.

Si usted es como la mayoría de las personas, la última frase le habrá dado en qué pensar. No lo va a hacer, ¿cierto? Si es su caso, usted ha elegido permanecer dentro de los límites del pensamiento y de las expectativas cotidianas, no puede esperar más que los resultados ordinarios, no milagros.

Suponga que efectivamente hubiera regalado algo que valoraba, aunque el objeto desaparecería, la Cábala enseña que la emoción que usted le entregó permanecerá a su lado. Esta emoción pura sería un imán para la Luz, que es atraída siempre que compartimos sinceramente. Ahora la ecuación que define la realidad cotidiana ha sido alterada, mayor cantidad de Luz es igual a más cosas posibles. La cantidad suficiente de Luz hace que cualquier cosa sea posible. A la medida de su elección —a través de la acción positiva— al romper la realidad cotidiana, la Luz lo recompensará con una nueva realidad que supera cualquier cosa que haya imaginado. El primer paso consiste en desafiar sus propios instintos.

## 2. Preste atención a los milagros

En el curso de su vida la mayoría de las personas desarrollan nociones firmes sobre la realidad cotidiana. Si uno deja caer un zapato, éste chocará con el piso, si uno empuja contra la pared, no la atravesará. Aún así la mayoría hemos experimentado hechos extraordinarios que no respetan estas normas, hemos vivido notables sincronicidades e increíbles casualidades. Sin embargo la mayoría de las personas elige estos sucesos como «puras coincidencias».

¿Por qué escogemos devaluar los milagros que han ocurrido en nuestras vidas en vez de considerarlos como probaditas de una realidad más elevada? ¿Es más fácil conformarnos con el mundo como es, que aceptarlo como podría ser? Para explorar sus propios sentimientos al respecto elabore una lista de las cosas verdaderamente notables que han pasado en su vida, pues no tengo la menor duda de que tales cosas han ocurrido. Ahora, en vez de otorgar el mérito al azar, piense por un momento que había una lección espiritual en cada uno de ellos. ¿Cuál podría haber sido? Al ver en retrospectiva, ¿había alguna necesidad o intención de su parte que atrajera esa lección a su vida? Y después del acontecimiento, ¿cambió su comportamiento de alguna manera. Sinno, ¿cree que debió cambiarlo?

## 3. Pídale prestado a su *tzaddik*

Seguramente requerirá muchos años, y probablemente ya habrá tomado muchas vidas, pero la Cábala enseña que cada ser humano logrará finalmente la perfección espiritual que constituye nuestro derecho de nacimiento. Al final cada uno de nosotros alcanzará la transformación y se convertirá en el alma pura que designa la palabra hebrea *tzaddik*. Esto significa más que ser una buena persona. Un *tzaddik* es literalmente capaz de hacer milagros, y recuerde, llegará un momento en el que usted será un *tzaddik*. Puede estar tan seguro de ello como de que lee estas palabras.

La Cábala describe una herramienta muy poderosa conocida como «pida prestado a su *tzaddik*», que nos ayuda a traer el poder de los milagros a nuestra vida en este momento. En cierto sentido es una forma de meditación a través de la cual nos conectamos mental, emocional y espiritualmente con la perfección que algún día encarnaremos, podemos recurrir al poder espiritual de este yo futuro para alterar las leyes de la realidad del mismo modo que podemos pedir prestado a un banco para comprar una casa; pedir prestado a su *tzaddik* es un procedimiento de dos etapas. Para empezar, debe verse a sí mismo de una manera totalmente nueva, no sólo como alguien que *quiere* resistir la negatividad, que *pretende* restringir el deseo egoísta o que aspira a compartir con los demás, sino como alguien que ya ha alcanzado ese nivel del ser. En la medida en que pueda conectarse con esa gran alma —su *tzaddik*— obtendrá el poder para hacer milagros. Cuando todos los rastros de energía negativa son eliminados de su ser, se crea una gran abertura que la Luz corre a llenar.

Pero esto es sólo el primer paso, debe tomar medidas en el mundo real, no sólo ganar el poder de hacer milagros, sino poner a trabajar a ese poder con la misma convicción que impulsó a los grandes cabalistas del pasado, e incluso a las matriarcas y los patriarcas de la Biblia. Debe intentar el milagro que ha elegido y comportarse en concordancia con él. Usted puede —y debe— caminar a través del Mar Rojo. Usted puede y debe hacer que el sol se detenga en el firmamento. Éste es el poder de su *tzaddik*, el cual no alcanza su culminación hasta que usted lo pone en práctica.

¿Le parece que esto es esperar demasiado de usted? Si es así, por favor sea consciente de que lo que crea la barrera es su duda, no alguna limitante del mundo exterior. Sea consciente también de que su duda desaparecerá y usted obrará milagros. Tal vez sea cuando haya alcanzado la transformación, o la próxima vez que pida prestado a su *tzaddik*.

## Estudie

Una vez visité en la ciudad de Safed la habitación en la que el gran Rabí Isaac Luria estudió los textos sagrados hace más de cuatrocientos años. Es un cuarto muy sencillo y austero pero está impregnado con la intensidad de los milagros que allí sucedieron. No milagros como dividir el Mar Rojo, sino logros extraordinarios de la mente y del corazón. De acuerdo con las enseñanzas cabalísticas, el acompañante de estudios de Rabí Luria era el profeta bíblico Elías, y tanta era la intensidad de la concentración de Rabí Luria que podía invocar la presencia física de las matriarcas y los patriarcas bíblicos. Cuando leía sobre Moisés, Moisés aparecía.

Sólo los grandes cabalistas son capaces de conjurar la presencia física de los personajes bíblicos, este logro difiere de lo que ocurre siempre que estudiamos los textos sagrados. El estudio no hace alusión a la *adquisición* intelectual, sino a la experiencia de *conexión* espiritual. Por ejemplo, cuando estudiamos la misericordia en los textos antiguos nos conectamos con el aspecto específico de la Luz que expresa la misericordia y la atraemos a nuestras vidas. Rabí Yehuda Ashlag, quien tradujo el Zohar al hebreo, explicó que ésta es la razón por la que el estudio del Zohar puede ser una herramienta más poderosa para la transformación que la lectura de otros textos. El Zohar trata de la Luz, mientras que el Talmud trata de todo, desde la creación del mundo hasta transacciones de bienes raíces. Uno de los principios de la psicología cognoscitiva moderna es la idea de que somos lo que pensamos. La Cábala estaría de acuerdo.

**Cuando estudiamos la Luz, nos convertimos en la Luz.**

Las condiciones ideales para el estudio están muy bien especificadas en la tradición cabalística, aunque sea poco práctico para las personas que trabajan durante el día, el mejor momento para estudiar es entre la media noche y el amanecer. Hay varias razones para ello: en primer lugar, la disciplina necesaria para salir de la cama y abrir un libro fomenta el compromiso y la concentración. Rabí Ashlag escribió que los beneficios más profundos de sus estudios los obtuvo por esta disciplina más que por cualquier cosa que hubiera leído. La Cábala también enseña que las horas previas al amanecer están especialmente limpias de las energías negativas que dominan las horas diurnas —como la estática de un radio—. Estudiar por las noches es una especie de tecnología de camuflaje cabalística: es una oportunidad de escabullirse burlando el radar de las fuerzas destructivas.

Para mí, esta experiencia comenzó cuando tenía unos catorce años de edad. Mi hermano Yehuda y yo leíamos el Zohar, las obras de Rabí Ashlag y los demás Textos sagrados bajo la guía de nuestro padre, Rav Berg. Las enseñanzas cabalísticas han sido el centro de mi vida desde la infancia, pero fue hasta que empecé a estudiar por la noche que descubrí el significado de la Cábala. No se trata de adquirir más y más sabiduría, sino de profundizar en las enseñanzas a lo largo de toda la vida.

¿Cómo puedo describir esta experiencia de estudio por la que pasé no sólo una o dos veces, sino noche tras noche durante muchos años? Fue algo místico, mágico, en verdad podía sentirse la presencia física de los grandes maestros y patriarcas. El hecho de que fuera una experiencia compartida con mi hermano la hacía más poderosa. Tengo la esperanza de que algún día pueda estudiar así con mi pequeño hijo, ¡aunque por el momento me interesa más que se duerma toda la noche que despertarlo para leer la Torá!

No conozco otra tradición espiritual que valore tanto el estudio como la Cábala, sin él no hay esperanza de crecimiento espiritual, ésta es una enseñanza básica que con frecuencia se pasa por alto. A lo largo de este libro hemos destacado la importancia de la conciencia, del entendimiento y de la acción positiva para conectarnos con la Luz del Creador. Pero sin estudios, estos elementos claves para la transformación están fuera de alcance.

¿Por qué se hace énfasis en el estudio? Muchas ideas fundamentales de la Cábala no son especialmente difíciles de entender, los iniciados preguntan a veces por qué no pueden empezar a poner esas ideas en práctica y dejar los estudios superiores a los eruditos. Después de todo, cuando aprendemos una nueva actividad —como hornear un pastel— leemos la receta, seguimos los pasos y a partir de ese momento podemos hacer pasteles una y otra vez sin dificultad.

Pero en cuestiones espirituales es diferente; nuestra naturaleza hace que, incluso los conceptos básicos y las ideas más simples, parezcan desaparecer de nuestras cabezas. Podemos leer un libro de principios espirituales y tres días después no recordar ni una sola palabra, y lo que es peor, perdemos de vista la aplicación práctica de lo que aprendemos. Enfrentamos un dilema espiritual y de repente nada de lo que hemos estudiado parece útil. La Cábala nos enseña que la mala memoria no es un accidente, y que no se relaciona con la inteligencia ni la concentración. Olvidar lo fundamental, en otras palabras, es sólo una señal de que nuestra parte negativa está haciendo su trabajo, para combatir el lado oscuro debemos hacer un esfuerzo consciente y continuo para recordarnos nuestro propósito, y la mejor manera de hacerlo es a través del estudio constante. Les recomiendo repasar la discusión del capítulo 3 sobre la Luz y la Vasija y sobre la naturaleza de Dios y de la humanidad.

El tema de todo estudio sobre la espiritualidad es la variedad de manifestaciones del Creador. A través del estudio llegamos a conocer a Dios y por lo tanto nos acercamos a Él, tal como los patriarcas y las matriarcas de la Biblia lo hicieron a través de la interacción personal.

Piense en la vida de Abraham el Patriarca, tenía setenta y cinco años de edad cuando el Creador le habló por primera vez, ¡y no había escritos espirituales que lo ayudaran a enfrentar esta extraordinaria experiencia! La historia de Abraham puede entenderse como un entrenamiento para comprender y confiar en la presencia divina. Fue una preparación que culminó con un examen sumamente difícil.

Como narra la Biblia, ocurrió cuando el Creador pidió a Abraham que le ofreciera a su hijo Isaac en sacrificio. Los escritores seculares han evocado el episodio por motivos distintos y contradictorios. Algunos lo han utilizado para condenar la brutalidad de las enseñanzas del Antiguo Testamento, ¿pues quién sino un Dios brutal y vengativo exigiría a un anciano que amarrara a su hijo y le atravesara la garganta con un cuchillo? Otros, en cambio, han interpretado la historia como una alegoría de la transición de la humanidad del sacrificio humano al sacrificio animal. Abraham, después de todo, no mata a Isaac, de hecho, el Creador no le pide que lo haga. Sólo pide que Isaac sea *ofrecido* en sacrificio.

Hay indicios en el texto bíblico de que Abraham pudo saber todo el tiempo que no se le pediría sacrificar a Isaac. Por ejemplo, cuando se acercaban a la cima del Moriá, como indicó el Creador, Abraham le dijo a sus criados: «Quedaos aquí con el asno; yo y el niño nos llegaremos hasta allí, haremos la adoración y luego regresaremos a vosotros». ¿Qué razón tenía Abraham para decir esta última frase si hubiera creído que iba a sacrificar a Isaac?

Varios versículos después, el mismo Isaac pregunta: «¿Dónde está el cordero para el holocausto?», y Abraham contesta: «Dios proveerá de cordero para el holocausto.» ¿Se estaba haciendo ilusiones? ¿O es que Abraham conocía tan bien al Creador que en su corazón estaba seguro de la conmutación?

Las enseñanzas de la Cábala con respecto a este episodio son ilustrativas. Abraham es una persona cuya alma rebosaba de energía espiritual, de misericordia y de la generosidad, a la que en hebreo se conoce como *chesed*. Hay innumerables ocasiones en la Biblia en que queda demostrado. Isaac, sin embargo, era la encarnación del *gevurah*, que es difícil de traducir pero que condensa los conceptos de fuerza y juicio. La Cábala enseña que el verdadero propósito de este episodio era templar el alma de Isaac con el temperamento de la generosidad: literalmente atar a él el aspecto punitivo de la justicia, así como nosotros debemos restringir esta inclinación en nuestra persona y en nuestras relaciones con el mundo. Quizá también había que templar el espíritu moderado de Abraham con la energía recíproca. En cualquier caso, el significado real del *akideh* tiene menos que ver con el sacrificio humano que con la culminación de dos grandes almas. Gracias a ellas, los canales están abiertos para que nuestras almas logren completarse, para que alcancemos la transformación espiritual y para conseguir la unidad con el Creador.

En medio de lo que ocurría en esta historia, las Escrituras dejan muy claro que Abraham confiaba completamente en la benevolencia del Creador. En ningún momento aparece la duda, sabe que lo que suceda será para bien. Abraham conocía al Creador y aunque atravesaran situaciones muy duras, nunca se decepcionaron el uno al otro. Abraham consolidó una confianza absoluta en Dios a través de esta relación personal. Abraham fue un gran patriarca. Tal vez nosotros no merezcamos que el Creador nos hable y nos escuche como lo hacía con Abraham. Sin embargo, a través del estudio de la narración bíblica sobre Abraham y de los comentarios sobre ella podemos alcanzar el mismo grado de confianza en el Creador. Así como un viaje a través del país puede hacerse en avión, tren o automóvil, nosotros podemos llegar al mismo destino que Abraham, aunque nuestros medios sean distintos.

En cualquier relación humana el conocimiento gradual de la otra persona es esencial y gratificante. Esto incluye desde hechos como el lugar de nacimiento y las escuelas a las que se ha asistido, hasta pensamientos sobre moral y ética. Se trata de saber quién se es y de dónde se viene, en sentido literal y figurado. Nuestra relación con el creador funciona de la misma manera. A través del estudio diario conocemos más sobre la naturaleza del Creador, qué motiva su presencia en el mundo y qué espera de nosotros. Aunque nunca podremos comprender al Creador de la misma manera en que comprendemos a otra persona, sí podemos aprender mucho más acerca de las intenciones que tiene para nosotros en el mundo. A través de este entendimiento fortalecemos nuestra conexión con la Luz. Tal vez no merezcamos que el Creador nos hable directamente, pero mientras más directa e íntima es la relación, más prometedora se vuelve. Provocar esto es el propósito fundamental del estudio.

Una segunda manera en que el estudio nos mantiene conectados con la Luz del Creador es poniéndonos en contacto con los *tzaddikim*, las mujeres y los hombres rectos que nos han antecedido. Son personas, de generaciones anteriores, que han demostrado a través de su trabajo o de sus escritos haber alcanzado un alto grado de desarrollo espiritual. Podemos reconocer a los *tzaddikim* del mismo modo en que reconocemos a los grandes científicos: sus pensamientos y enseñanzas son leídas y enseñadas por otros *tzaddikim*, así como las últimas teorías de la física o las matemáticas son estudiadas por los colegas.

Si estudiamos los escritos de los *tzaddikim* podemos acceder a una óptica más elevada. Los libros de los *tzaddikim* son fundamentalmente diferentes de las novelas o las biografías comunes y corrientes. Los textos sagrados de la Cábala son regalos del Creador que han sido traídos al mundo por y a través de un pequeño número de seres más evolucionados. Podemos comunicarnos directamente con ellos por medio de sus escritos, a través los límites del tiempo y el espacio y de las fronteras entre este mundo y el siguiente.

Es como si nuestra vida cotidiana transcurriera en un laberinto rodeado por altas murallas. La Cábala enseña que los *tzaddikim* están por encima de ese laberinto y nos dicen exactamente qué camino seguir guiándonos hacia nuestro destino espiritual por la ruta más corta, hacen más que dar indicaciones. Así como con la Luz, nosotros podemos crear una conexión íntima con las almas de las mujeres y los hombres que vivieron en el mundo físico y que siguen a nuestra disposición en el reino espiritual.

Más que las enseñanzas, estos contactos espirituales son vitales para nuestro progreso. El contacto con las grandes almas enriquece nuestras propias almas. Como el ego está totalmente ausente de su obra, la Cábala enseña que los escritos de los *tzaddikim* tienen la cualidad de la inspiración divina. La Luz fluía tan directamente hacia ellos que sus escritos son considerados como mensajes del Creador.

Obviamente, el estudio va más allá de la ejercitación de nuestras capacidades intelectuales, es más que un suplemento a nuestras técnicas de transformación. En el nivel espiritual del ser, el estudio es necesario para el crecimiento y para sobrevivir. Es el alimento del alma. Sin el estudio continuo de los textos sagrados, el alma no recibe su sustento. Desde el punto de vista cabalístico, el estudio del Zohar es especialmente crucial.

**De todos los textos sagrados, el Zohar es el instrumento más efectivo para conectarnos con la Luz.**

Sin intención alguna de desdeñar la importancia de la Torá o de otras obras de inspiración divina, el poder del Zohar para limpiar y alimentar el alma humana es único e incomparable.

Creo que debo tratar algunas de las preguntas críticas que se han hecho con respecto al tema: ¿cómo es posible que el Zohar produzca tantos beneficios cuando difícilmente puede entenderse? Es muy difícil comprender el Zohar incluso en español, ¡y la Cábala nos pide que exploremos las páginas en hebreo!

Como respuesta debo regresar a la metáfora del estudio como alimento para el alma. Muy pocos entendemos los procesos biológicos de la digestión, sólo un científico puede describir el procedimiento por el cual un trozo de pan o un sorbo de jugo de naranja se metabolizan en el cuerpo humano. Sin embargo, sabemos a través de la sensación física del hambre, que necesitamos comer y beber. Tal vez no entendamos todos los cómos y los porqué, pero buscamos satisfacer esta necesidad y sufrimos las consecuencias si no lo hacemos.

Del mismo modo, puedo asegurarle que en el nivel espiritual nuestras almas necesitan alimento tanto como nuestros cuerpos. Sin embargo, los problemas comienzan cuando la ausencia de sensaciones físicas como el hambre o la sed provoca que ignoremos una posibilidad tan real como la de la inanición espiritual. Debemos satisfacer nuestras necesidades espirituales, la importancia de hacerlo, y nuestra capacidad para hacerlo a través de textos como el Zohar, no está más relacionada con el entendimiento que con la función de digerir un puñado de cacahuates.

El estudio permite por sí mismo que nos conectemos con la fuente y la esencia del Creador, y facilita la misma conexión para toda la humanidad. Los sabios de la Cábala enseñaron que aquel que estudia los textos sagrados lleva consigo la paz. La palabra que en hebreo designa paz es *shalom*, y esta palabra tiene una connotación muy personal, y no se refiere al desarme mundial, a los tratados entre las naciones ni a las legislaciones para promover el control de armas de mano. Porque, aunque estas metas a gran escala se alcanzaran, si la discordia permanece entre esposo y esposa, hermano y hermana, padres e hijos, o dentro del corazón de cada ser humano, ¿qué se habría ganado? Por tanto, cuando los sabios hablan de la paz a través del estudio se refieren a la paz interior.

Cuando cada uno de nosotros esté en paz con la persona
que ve en el espejo, cesarán los conflictos entre las naciones.
Y todo empieza con el estudio.

## El estudio en la práctica

### 1. Sea consciente de dónde parte y a dónde quiere llegar

Debe estudiarse con un propósito, pero no necesariamente con
una meta. No estudiamos para adquirir algo, ni siquiera para
aprender algo, sino para ser dignos de los libros sagrados que
están abiertos frente a nosotros y de la Luz que revelan. Recuerde esta intención claramente antes de empezar a leer. Tómese
un momento y concéntrese en la persona que quiere llegar a
ser a través de la experiencia del estudio: una persona que comparte, una persona conectada con la Luz, una mejor persona
de lo que era antes de empezar a estudiar. Tal vez quiera declarar
esta aspiración en voz alta: «que mi corazón, mi mente y mi
alma se abran a la Luz».

## 2. Preste atención

El estudio requiere concentración y usted debe usar todas las herramientas prácticas disponibles para desarrollarla en su persona. Vista cómoda pero respetuosamente cuando lea los textos sagrados, siéntese en actitud alerta o póngase de pie. Se dice que muchos de los grandes sabios permanecían parados durante horas mientras estudiaban, con frecuencia meciéndose ligeramente de atrás hacia adelante absortos en su tarea. Baal Shem Tov instaba a sus alumnos a estudiar con profundo fervor y con toda sus fuerzas hasta quedaran bañados en sudor.

## 3. Dé gracias

Una iniciada me comentó sobre cierto pasaje bíblico que la tenía confundida, se trataba del principio del capítulo dieciocho del Libro del Génesis, que dice: «Se le apareció Dios a Abraham en el encinar de Mamré. Abraham estaba sentado a la entrada de la tienda, a la hora de más calor del día. Alzó los ojos y vio a tres hombres de pie delante de él». ¿Cómo podía ser el Creador el que había aparecido, cuando el texto dice que Abraham alzó la vista y vio a tres hombres? Después de pensarlo un rato, la alumna se dio cuenta de la necesidad de distinguir entre lo que se le apareció a Abraham por dentro, en su corazón, cuando estaba profundamente concentrado en sí mismo, y lo que apareció físicamente ante él cuando «alzó los ojos». Cuando comprendió esto fue muy significativo para ella; un momento poderoso no sólo desde el punto de vista intelectual, sino una auténtica experiencia emocional y espiritual. Fue hermoso contemplar la alegría que sintió, y yo la exhorté a que diera gracias por ese maravilloso regalo que había recibido.

Recuerde: el propósito primordial del estudio no es sólo adquirir conocimiento o erudición, ni hacer acopio de argumentos para conversaciones aprendidas. El verdadero propósito es descubrir por medio de los textos sagrados la Luz que está dentro de nosotros. Cuando lo hacemos y experimentamos la felicidad que conlleva, debemos dar gracias al Creador con alegría.

## 4. Explore el Zohar

El Zohar, así como la Torá y otros textos sagrados, es más que un libro en el sentido común de la palabra. El Zohar es una fuente espiritual a través de la cual podemos conectarnos con la Luz, y la Luz, por supuesto, se manifiesta en una variedad infinita de formas. Es indudable que los descubrimientos y las revelaciones intelectuales que nos llegan por medio del Zohar son expresiones de la Luz, pero de ninguna manera son las únicas, y quizá ni siquiera las más valiosas. La Cábala enseña que con el simple hecho de *observar* las letras del alfabeto hebreo contenidas en las páginas del Zohar podemos conectarnos con la Luz del Creador, sin importar si sabemos leer en hebreo.

Esta práctica de «hojear» el Zohar resulta desconcertante para los estudiantes principiantes de la Cábala, cuya noción de la importancia de un libro está limitada al contenido intelectual. El poder del Zohar, sin embargo, radica no sólo en su significado, sino en lo que *es*. El Zohar es un objeto cargado espiritualmente, así como podemos recibir una descarga eléctrica de una poderosa batería, aunque no entendamos cómo funciona, así mismo podemos beneficiarnos por hojear las páginas del Zohar, incluso si no «entendemos» ni una sola palabra del texto.

Hasta cierto punto es difícil clasificar la práctica de hojear dentro de alguna categoría particular de herramienta espiritual. En cierto modo, yo la he identificado arbitrariamente con el estudio, básicamente porque está relacionada con libros. Hojear también puede ser una forma de meditación, pero no depende de la contemplación concentrada de las letras ni de las introspecciones derivadas de ellas. Es simplemente un asunto de exposición. Y si esto suena exagerado, recuerde que muchas cosas de la vida están hechas para ser experimentadas más que para ser explicadas.

Si usted tiene acceso a una edición del Zohar en hebreo, ábrala al azar para que el poder y la belleza de las letra del alfabeto hebreo penetren en su conciencia. Esto es especialmente benéfico en momentos adversos, cuando esté enfermo o preocupado por algún asunto. Hojear es una técnica que ha formado parte de la Cábala durante miles de años, si quiere descubrir el porqué ¡Inténtelo!

## Practique la introspección y la meditación

La espiritualidad puede convertirse en rutina, y también puede ser eclipsada por los asuntos aparentemente más urgentes de nuestra vida diaria. La mayoría de las personas inician su trabajo espiritual con gran entusiasmo, quizá están en un momento en el que han puesto en duda las metas y motivaciones que alguna vez parecieron reales. Pueden estar confundidos o deprimidos, y súbitamente darse cuenta de que hay una manera totalmente diferente de ver las cosas. Se sienten emocionados con respecto a la espiritualidad en general y a la Cábala en particular. Sopesan las herramientas espirituales disponibles y eligen el camino que parece ser el mejor para alcanzar la conexión con la Luz. Y entonces empiezan. Por extraño que parezca, lo que al principio era tan excitante se convierte en rutina, se adaptan, se inicia la práctica espiritual aprendida. Puede ser muy satisfactoria, pero ya no es un reto. Observar los rituales y repetir las oraciones se vuelve cómodo. Se pierde conciencia de lo que ha pasado, lo mismo que el propósito.

Las personas auténticamente espirituales experimentan cada momento al máximo. Están decididas a no perder de vista su lugar en la creación y su propósito en la vida. Utilizan todas las herramientas para mantener esa conciencia, cada minuto de cada día lo dedican a mantenerse lo más cerca posible del ideal. La religión, por otra parte, con frecuencia denota una experiencia acartonada marcada por la ortodoxia durante una hora o un día, volviéndose después indiferente.

La Cábala no se relaciona con la religión en el sentido común de la palabra. No se trata de un comportamiento aprendido. No se trata de hacer cosas sólo porque alguien —incluso el Creador— quiere que las hagamos. Me he referido a muchos de los temas de este libro como herramientas con el fin de destacar su importancia práctica y de distinguirlos de las prácticas religiosas convencionales. Las herramientas de la Cábala nos fueron dadas con una finalidad muy específica: permitirnos preocuparnos más por los demás y así lograr la transformación.

La espiritualidad es fundamentalmente una experiencia motivada desde adentro, y constituye su propia recompensa. Esto está explicado en un pasaje del Salmo Primero: «... *la enseñanza del Creador es su placer, y Él estudia esa enseñanza noche y día*». Observe que la práctica espiritual es llamada *placer*, no *obligación*, *rutina diaria* ni *comportamiento habitual*. Para mí, el significado del versículo es el siguiente: una persona verdaderamente espiritual expresa y experimenta alegremente la espiritualidad en todo lo que hace. Esto es lo que en realidad significa vivir de acuerdo con las enseñanzas de la Cábala.

## La cuasi catástrofe y su lección

Hace muchos años, yo iba conduciendo por una concurrida calle de Queens, Nueva York. Hasta la fecha no sé exactamente qué ocurrió, pero de repente perdí el control del automóvil, éste viró hacia la izquierda y fue a dar contra la división de concreto que separa los carriles. He oído muchas veces que el tiempo parece avanzar más lentamente en esos momentos, pero hasta entonces no entendía lo que esto significaba realmente. Sentí que soñaba en cámara lenta, la irrealidad estiraba el instante como una liga. Súbitamente, todo terminó, regresé al mundo. Estaba en el carril izquierdo, al otro lado de la calle, viendo en dirección contraria en la que venía. El motor estaba en marcha, pero el auto se detuvo. Cuando alcé la vista, vi una gasolinería que estaba cerca y conduje hacia ella. Un empleado revisó el carro y no encontró nada, unos momentos después estaba de vuelta en el camino.

Los minutos que siguieron estuve más asustado de lo que jamás había estado en toda mi vida. Pronto las cosas regresaron a la normalidad. Nada había cambiado, mi atención ya no estaba puesta en sobrevivir, sino en llegar a tiempo a mi destino.

Con frecuencia pienso en el incidente de la calle de Queens y aprecio su enseñanza, es un recordatorio de la belleza de cada momento si resistimos la tentación de dejar que la rutina se haga cargo. He aprendido a utilizar este recuerdo como parámetro para medir lo que es mi conciencia espiritual en comparación con lo que yo quisiera que sea. Es una herramienta para la introspección.

Por esta razón la Cábala habla de la introspección como un medio para comprobar nuestro progreso espiritual. La introspección no se trata de preguntarnos a nosotros mismos si hemos estado estudiando los libros adecuados y rezando el tiempo suficiente. Se trata de preguntarse: «¿Lo que estoy haciendo me acerca a la transformación de mi naturaleza?» O más fácil: «¿Me preocupo más que antes por los demás?» o «¿Estoy compartiendo más que antes con los demás?»

Si se hace estas preguntas con sinceridad y con el corazón abierto, recibirá una respuesta franca desde la profundidad de

su alma. Pero prepárese, en un momento de genuina introspección todo queda en suspenso. Puede que necesite cambiar
completamente el rumbo. Sin este análisis crítico nos limitamos
a una espiritualidad incompleta que obedece las palabras de la
ley pero no su espíritu.

Desde la época de los grandes cabalistas de Safed, la meditación ha sido una herramienta muy desarrollada para ins-
peccionar nuestros corazones y fomentar el cambio positivo en
el espíritu y nuestra conducta, también sirve para traer la Luz
del Creador a nuestros corazones, mentes e incluso los lugares
que físicamente habitamos. Para muchas personas la meditación es un método de relajación, y ésta puede ser una descripción adecuada de algunas formas de meditación.

Sin embargo, la Cábala ve la meditación de una manera
proactiva. La meditación nos lleva a la profundidad del ser,
nos pone cara a cara con el propósito auténtico de nuestra vida y con lo que debemos hacer para alcanzarlo en el presente y
el futuro. La meditación cabalística no nos transporta a una
nube alejada de los desafíos del mundo; nos muestra la realidad
de los desafíos y los despoja de la negatividad que los acompañan.
Es un lugar común decir que los problemas son en realidad
oportunidades, pero es una gran verdad. Uno de los beneficios
más valiosos de la meditación es apropiarnos de esa verdad.

La Cábala incluye diversos métodos y variedades de meditación que comparten ciertos pasos a seguir.

El primero es realizar una autoevaluación estricta. Antes
de poder entender cualquiera de los temas que la meditación
puede ayudarnos a aclarar, debemos realizar un esfuerzo
sincero para entendernos a nosotros mismos. La Cábala dice

que la comprensión de uno mismo lleva inevitablemente a con-
clusiones concretas.

**Nos damos cuenta de que debemos aceptar toda la
responsabilidad de quiénes somos como seres humanos y de dónde
estamos en el sendero de la vida**.

No estamos en este mundo por casualidad. De acuerdo con
la enseñanza cabalística, nosotros elegimos nuestra encarnación actual con el fin de lograr nuestra *tikkun*, palabra que
puede traducirse como *corrección, rectificación* o *enmienda* del
alma, que necesita completarse antes de que logremos nuestra
transformación.

¡Qué idea tan asombrosa! Significa que usted es la causa
única de lo que es. Usted, la persona que está leyendo estas
palabras, no es producto de un proceso de selección a nivel
celular sino de una decisión consciente que ocurrió en el plano
espiritual. Y como extensión de esta decisión, todo lo que está
presente o lo que falta en su vida en este momento es su responsabilidad. El primer principio de la meditación cabalística es
aceptar esta idea. Ello nos permite ir más allá de la necesidad
de culpar a otros por lo que nos falta o de sentirnos en deuda por
lo que hemos logrado. Una vez alcanzado ese grado de lucidez
podemos concentrarnos en las cosas que queremos y necesitamos cambiar.

Mientras que la primera etapa de la meditación cabalística es un proceso de autoevaluación, la segunda es uno de *conexión*. Debemos tomar la decisión de conectarnos con la Luz del Creador, con pleno conocimiento de que la Luz siempre está para nosotros cuando la deseamos sinceramente. Hay una larga lista de prácticas de meditación cabalísticas que sirven para establecer esta conexión, muchas provenientes de la época de Rabí Isaac Luria en el siglo XVI. Algunas requieren mucho esfuerzo espiritual físico, exigen gran concentración y se pueden necesitar varios años para dominarlas, otras por su sencillez, pueden aprenderse y ponerse en práctica de inmediato. Se dice que el mismo Rabí Luria dijo que la meditación que tiene como objeto alcanzar la unidad con el Creador es mucho más valiosa que el estudio de la Torá.

En concreto, la meditación revela que la conexión con la Luz es un proceso hacia adentro. La presencia divina está tanto dentro como afuera, nuestra tarea consiste en descubrirla y revelarla en todas las cosas. En el estudio y la oración nuestra atención se dirige a los textos sagrados o a los reinos espirituales que están fuera de nuestro propio ser, en la meditación miramos hacia adentro de nuestros corazones, se trata de abrirnos más que de entrar o de ascender al reino espiritual y otro nivel de conciencia externo.

## Técnicas de meditación cabalística

### 1. Practique la meditación con respiración

En el capítulo 2 del Libro del Génesis se lee: «Dios formó al hombre del polvo de la tierra e insufló en sus narices aliento de vida». Como siempre en la Cábala, este pasaje se interpreta como un incidente que ocurrió en determinado momento del tiempo y también como un proceso que sigue en marcha incluso en este momento. La meditación con respiración es la conciencia de ese proceso continuo. Cada vez que aspiramos aire recibimos el aliento del único dador de vida. Pero eso es sólo la mitad de la historia. Con cada exhalación regresamos algo de nosotros al universo. Literalmente compartimos los átomos y las moléculas de nuestro ser físico con otros seres vivientes, perpetuando así la existencia. Es difícil encontrar una actividad más rutinaria y mundana que respirar, pero no hay acción humana que reproduzca más fielmente el acto con el que el Creador da vida a la humanidad.

Para practicar la meditación con respiración necesita un lugar tranquilo y unos cuantos minutos. Siéntese cómodamente y en actitud alerta en una silla o con las piernas cruzadas en el piso. Cierre los ojos y respire normalmente, concentre su atención en el proceso que ocurre. Sienta su pecho expandirse ligeramente al inhalar, cuando exhale sienta cómo se contraen sus pulmones. Después de unos momentos, traslade sus pensamientos de la experiencia física de respirar a la dimensión espiritual, cuando inhale dése cuenta de que el aliento de la vida entra en usted tal como en Adán en el jardín del Edén, sea consciente de que este aliento proviene de la misma fuente, el Creador. Con este pensamiento, retenga el aire unos cuantos segundos y experimente a fondo la sensación de la presencia divina que invade su ser. Suelte el aire y sienta el proceso opuesto pero igualmente poderoso que esto representa: así como el Creador viene a nosotros y nos hacemos uno, nosotros también tendemos la mano hacia Él. Nuestros pensamientos y oraciones, temores y esperanzas, viajan directamente de nuestro corazón hacia Dios.

Este compartir mutuo que es el proceso mismo de la vida, se hace evidente y tangible a través de la meditación con respiración. El ritmo de nuestras vidas puede provocar que pasemos por alto la sabiduría que está oculta en nuestra respiración, sin embargo, una vez que la descubrimos, esta sabiduría permanece como un recuerdo constante de nuestra conexión con el Creador; es un canal de comunicación al que podemos acceder en cualquier momento.

Continúe la meditación con respiración todo el tiempo que desee, y luego regrese lentamente al mundo cotidiano. Cuando abra los ojos puede experimentar que todo a su alrededor lo ve por vez primera, sentir que literalmente ha renacido. Esto es un gran regalo, un verdadero beneficio de la meditación con respiración. Permita que ésta lo inspire a vivir cada momento con el compromiso de convertirse en una persona generosa, y al mismo tiempo que favorezca la transformación en todas las personas que lo rodean.

## 2. Medite en los versículos sagrados

Este método es especialmente benéfico para manejar emociones negativas como el miedo, la ira o la culpa. Cualquier acción que realicemos con el corazón puro y con el deseo sincero de recibir la Luz nos conecta inmediatamente con niveles más elevados de sabiduría y energía espiritual, pero hay ciertas acciones que expresan nuestro deseo de recibir la Luz de manera especialmente clara. Abrir la Biblia, especialmente el Libro de los Salmos, o los Cinco libros de Moisés que conforman la Torá, es una de ellas. Para iniciar abra la Biblia en una página al azar, sin ver el texto, coloque su dedo índice derecho en algún lugar de la hoja. Fije su atención en el versículo sobre el que está su dedo y léalo en voz alta.

Cuando lo haga, recuerde esta enseñanza cabalística: «Los accidentes no existen; todo ocurre por una razón, incluso la elección del versículo de la Biblia que acaba de realizar.»

Aunque a primera vista el versículo no muestre relación con su situación actual, debe usarlo como una herramienta para la meditación. Piense en él e intente comprender cómo se relaciona con sus necesidades actuales. Repítalo mentalmente una y otra vez durante las siguientes veinticuatro horas. De este modo podrá remplazar los pensamientos negativos con la palabra de Dios.

A muchas personas esta técnica les ha funcionado como una manera excelente de descubrir el poder de la Luz en un acontecimiento aparentemente fortuito. Sin embargo, la utilización de los versículos sagrados como objetos de meditación no tiene que ser determinada estrictamente por el azar. Si usted tiene un pasaje bíblico predilecto que lo conmueve y lo fortalece, repítalo en silencio hasta que se convierta en parte integral de su conciencia. Si lo necesita, puede decirlo en voz alta en situaciones que suelen estar cargadas de negatividad, tales como manejar en el tráfico o esperar una importante llamada telefónica que se ha retrasado.

Concentre su conciencia no sólo en el significado de las palabras, sino también en las palabras mismas como instrumentos para conectarse con la Luz del Creador. Dése cuenta de cómo cambian sus sentimientos cuando repite el pasaje. Mantenga la intención consciente de utilizar el pasaje para la transformación y el conocimiento interno. Y confíe en el Creador, que literalmente es el autor de las palabras que ha elegido.

## 3. Practique la conversación espiritual

Para los estudiantes principiantes, una de las enseñanzas cabalísticas más sorprendentes es la de que el Creador quiere que nos acerquemos a Él. Por alguna razón —tal vez por interpretaciones superficiales de las narraciones bíblicas y por la descripción que hacen de Dios—, muchas personas creen que Dios espera que nos valgamos por nosotros mismos, que el Creador «no quiere ser molestado» con lo que nos pasa en la vida.

Esta creencia es muy destructiva, es una interpretación errónea de la relación entre Dios y el hombre. Igual que un padre amoroso, el Creador quiere profundamente nuestra confianza, nuestra comunicación y nuestra cercanía en todos los niveles del ser. Esta meditación está diseñada para entrar en contacto con esa experiencia de cercanía.

Reserve un momento en un lugar tranquilo en el que no sea molestado, si es posible, hágalo en una habitación iluminada por una vela. Siéntese cómodamente en actitud alerta en una silla o en el piso, y hable con Dios sobre los asuntos más cercanos a su corazón. Si al principio le resulta incómodo hablar en voz alta, exprese en silencio sus pensamientos durante las primeras veces que practique este ejercicio. Sea consciente del poder de esta meditación.

¿De dónde viene su resistencia? De la sensación de estar sentado a oscuras hablando solo, es falta de confianza en la idea de que está la presencia de Dios. Luche contra la desconfianza y dése cuenta de que la lucha misma es inherente no sólo a esta experiencia de meditación, sino a su transformación espiritual. Luche también para expresarse enérgicamente, incluso apasionadamente, del mismo modo que hablaría con un pariente cercano cuyo deseo más profundo es ayudarlo, pero que para hacerlo necesita que usted lo exprese.

Esto no debe confundirse con pedir algo. Recuerde: el Creador sabe lo que usted necesita, y de hecho lo que necesita es exactamente lo que tiene en este preciso instante. El propósito de este ejercicio no es transmitir información, sino fomentar la experiencia de intimidad con el Creador.

Cuando haya terminado de hablar, siéntese tranquilamente y preste mucha atención a la respuesta que su conversación ha provocado. Si habló con sinceridad y total honestidad, sin duda habrá una respuesta. Llegará a comprender los asuntos más profundos de su vida. Se dará una idea del tipo de conexión que existía entre el Creador y los grandes sabios de la Cábala y querrá hacer de esa conexión la base de su vida en todo momento.

## 4. Practique la meditación por audición

Esta técnica comparte algunos elementos con la conversación espiritual, pero su principio básico es fundamentalmente distinto. En vez de expresarse completamente y sin inhibiciones, sus esfuerzos se orientan a silenciar totalmente su voz interior para escuchar el mundo que lo rodea.

«Tal como es arriba, así es abajo» es un principio fundamental de la Cábala. Otra manera de expresar la misma idea es que el microcosmos contiene al macrocosmos.

La meditación por audición le permite experimentar este principio al concentrar toda su atención en los sonidos de la vida que lo rodea, con la certeza de que cada uno proviene del Creador. Más que ahondar en usted mismo, como en muchas otras técnicas, el propósito aquí es *olvidarse de sí mismo* para poder ver la verdad claramente.

A diferencia de otros métodos, la meditación por audición puede practicarse casi en cualquier lugar. La técnica consiste en apagar su diálogo interno y prestar atención a los sonidos del mundo que lo rodea. Dependiendo del lugar donde se encuentre, estos pueden incluir el canto de aves o el viento que sopla a través de los árboles. Lo más probable es que escuche autos pasando por la calle al otro lado de la ventana, o fragmentos de un programa de televisión provenientes del departamento de al lado. Y sin embargo la Palabra de Dios está presente —aunque tal vez muy escondida— en todos estos sonidos. Usted puede escuchar la Palabra de Dios si, por un momento, ignora los significados que ha atribuido a la realidad física.

Mientras está escuchando, sus pensamientos se insertarán entre usted y el mundo que lo rodea. Cuando esto ocurra, deténgase un momento, haga un esfuerzo consciente para silenciar sus voces internas y regrese toda su atención al ambiente externo. Sea consciente de que los beneficios de este tipo de meditación residen en acallar su pensamiento para ponerse en sintonía con el mundo externo.

## 5. Practique la creación del amor y el perdón

La Cábala enseña que nuestro propósito en la vida es transformarnos en seres que comparten, revelar la Luz del Creador y hacer que nuestra naturaleza sea una con la de Dios. Para alcanzar este fin se nos han dado poderosas herramientas en el reino físico, y la meditación es una de las más fuertes. Sin embargo, también hay en nuestro camino trampas y dificultades. Para decirlo de manera sencilla, el paso más importante que podemos dar para lograr la unidad con el Creador es amar y perdonar a otros seres humanos *incondicionalmente*, tal como el Creador nos ama y nos perdona. También es el paso más difícil, pues la tentación de caer a merced de la ira, la envidia y del deseo egoísta siempre trata de desviarnos de la meta. El trabajo espiritual consiste en lograr nuestras aspiraciones más valiosas a pesar de la negatividad que nos rodea.

La meditación que se describe al final de esta sección es una herramienta excelente para hacer que el amor y el perdón formen parte integral de su relación con otras personas, especialmente con aquellas contra las que alberga sentimientos negativos. Para que la meditación sea efectiva es importante entender y aceptar tres principios fundamentales:

1. Todo ser humano que ha pasado por su vida, que forma parte de su vida en este momento o que alguna vez lo hará, fue enviado por la Luz para ayudarlo a avanzar en su sendero espiritual.

2. Cualquier emoción negativa o destructiva que haya dirigido en contra de esas personas no se originó en ellas. ¡Ni siquiera se originó en usted! Son barreras colocadas en su camino para evitar que usted se conecte con la Luz.

3. Alcanzar niveles más elevados de crecimiento espiritual requiere que elimine esas barreras de su corazón a través de la meditación y de las demás herramientas de la Cábala. La otra alternativa es sufrir muchos años de frustración y dolor innecesario.

Tómese un momento para pensar en estos principios y en cómo cambiaría su vida si los incorpora a su experiencia cotidiana en el mundo. Entonces, en un lugar tranquilo en el que no sea molestado, empiece la meditación que se describe abajo. Necesitará pluma o lápiz y una hoja de papel en blanco.

Piense en una relación de su vida que le gustaría mejorar. Puede tratarse de alguien a quien ve todos los días, o de una persona a la que no ha visto en muchos años, pero que está presente en sus pensamientos y en sus emociones. Con frecuencia es más importante para usted que lo que él o ella piensa, tal vez nunca le haya expresado sus sentimientos, tal vez lo ha intentado pero se encontró con que los canales de comunicación no funcionaron. Escriba el nombre de esa persona en una hoja de papel.

Ahora aspire profundamente y sienta cómo la Luz del Creador se vierte sobre usted. Siéntala dentro, imagine cómo llena su cuerpo y su alma, como inunda su alrededor, vea un aura luminosa en la que está totalmente a salvo y protegido.

Observe el nombre que escribió en el papel, concíbalo como una representación simbólica de otro ser humano. Experimente todos los sentimientos que le provoca esa persona, incluso los negativos. Perciba cómo esos sentimientos se revuelven y cómo se fusionan con las letras de la hoja.

Mientras sigue viendo el nombre, cambie su punto de vista y adopte el de la Luz. Desde esta perspectiva más elevada las letras sobre el papel son sólo trazos de tinta. En otras palabras, no hay nada que salga de las letras. Hay muchas cosas que ocurren en su mente y en su corazón cuando observa esas letras, pero todo sucede dentro de usted.

Examine sus pensamiento y sentimientos con honestidad y sin miedo. Sienta completamente las emociones que inundan su conciencia. Dése cuenta de que estas sensaciones no están ligadas a la otra persona y que no son parte del papel y la tinta. Son *completamente suyas*, una barrera entre usted y la Luz.

Ahora, con la conciencia de lo que hace, deje ir esas emociones para que pueda abrazar la Luz. Tal vez quiera tomar la decisión consciente de perdonar a la otra persona, pero es importante saber que el perdón es un proceso interno que no involucra a nadie más que a usted. El perdón, por tanto, significa liberar a su espíritu de la carga y las ataduras que evitan que se transforme. La Cábala enseña que cuando realice un esfuerzo genuino en este sentido se le aparecerán ángeles que lo guiarán y apoyarán en su camino hacia la libertad.

Concluya sentándose tranquilamente por unos momentos, reflexionando en el trabajo que acaba de realizar. Luego tire la hoja de papel o rómpalo en pedacitos. Sáquelo de su vida de tal manera que quede claro lo insignificante que es. Las letras que están en esa hoja no significan nada, y nunca lo hicieron. Lo importante —lo que siempre es importante— son los sentimientos que llenaban su corazón, ahora su corazón está lleno de Luz.

## 6. Practique la meditación con música

Los sabios nos dicen que la música no está en el mundo sólo para entretenernos. El propósito de la música es elevar nuestra frecuencia espiritual, y es un medio muy efectivo para lograr ese propósito. De hecho es más fácil alterar su conciencia con música que con cualquier otra herramienta espiritual.

La música era una parte muy importante de la espiritualidad en la antigüedad, especialmente antes de la destrucción del Templo de Jerusalén. También formaba parte de la práctica de la Cábala en Safed en la época de Rabí Isaac Luria, Rabí Moisés Cordovero y los otros grandes maestros. En algunos momentos se ha intentado excluir a la música de las herramientas para el trabajo espiritual —se cree equivocadamente que la alegría producida por música hermosa es de alguna manera pecaminosa o irrespetuosa—, la represión es sólo una prueba del poder transformador de la música.

Aunque hay canciones y piezas musicales tradicionalmente asociadas con ocasiones especiales como el Shabat u otros días festivos, cantar o tocar cualquier instrumento musical es poderoso y positivo. Como herramienta para la meditación muchas personas encuentran que es mejor cantar o tocar individualmente, no sólo por el bien de quien nos escucha, sino para evitar las inhibiciones que con frecuencia preocupan a los músicos aficionados. Usted simplemente hágalo y piense que, sin importar lo que puedan opinar los críticos musicales, su música proporcionará alegría al Creador siempre que le alegre a usted su propio corazón y lleve felicidad a su alma. Cantar en grupo es también una experiencia positiva y transformadora, especialmente con miembros de su familia.

Una advertencia: tocar música es cualitativamente diferente que escucharla, especialmente si la fuente es un aparato electrónico como un reproductor de discos compactos o un radio. Escuchar música así puede ser reconfortante y bueno para el espíritu, pero no es lo que los cabalistas tenían en mente cuando hablaban de la música como una herramienta para la transformación. «Haz un jubiloso ruido para el Creador», es lo que dice el salmo, así es que hágalo.

## 7. Practique las visualizaciones proactivas

Estas meditaciones están más enfocadas a la obtención de un fin específico que las otras que hemos mencionado. Están orientadas a la acción en el mundo exterior más que a las experiencias subjetivas internas. Aunque se valen de medios y tecnologías contemporáneas, se basan en ideas y técnicas cabalísticas tradicionales. De hecho, muchos relatos de los grandes sabios de la Cábala pueden entenderse como visualizaciones cuidadosamente guiadas.

## La pantalla de cine

Una vez más, empiece en un lugar tranquilo en el que pueda disponer de un lapso ininterrumpido de unos cuantos minutos. La primera meditación consta de dos pasos independientes y ambos involucran la visualización. La visualización es en sí misma una poderosa técnica de meditación sobre la que se han escrito muchos libros, es muy fácil de ponerla en práctica.

Siéntese cómodamente en una silla o en el piso y cierre los ojos. Dirija los ojos muy suavemente hacia arriba como si estuviera viendo al techo. Mantenga esa posición un momento y entonces regrese a la posición de relajación, siempre con los ojos cerrados. Ahora imagínese a sí mismo bajando lentamente por una escalera de diez escalones. Conforme desciende cuente en silencio del diez al uno, un número por escalón. Cuando haya llegado al final de la escalera imagínese entrando a una sala de proyección oscura con muchos asientos vacíos. Visualícese sentándose. Ahora proyecte en la pantalla cualquier situación o circunstancia que recientemente le haya provocado dolor, o que le provoca dolor ahora, cualquier cosa que esté trayendo energía negativa a su vida diaria y que le haga *reaccionar* más que *proactuar*. En la película imaginaria que está creando, véase actuando de esta manera reactiva. Al mismo tiempo visualice las actitudes de las demás personas involucradas en la situación. Haga que la escena sea lo más realista posible. Si su atención está lo suficientemente enfocada, la película casi se creará a sí misma.

Una vez que la escena haya terminado, imagine por un momento que la pantalla queda otra vez en blanco. Piense en lo que acaba de ver y en cómo podría cambiar su comportamiento.

¿Qué podría haber hecho proactivamente en vez de reactivamente? ¿Cómo podía haber sido usted diferente —y mejor—
para que los demás fueran mejores? ¿Cómo podría haber
convertido un momento caótico en una oportunidad de conti-
nuidad y generosidad? En pocas palabras, ¿cómo podría haber
traído la Luz a esta escena particular y a usted como partici-
pante de ella?

Ahora, con estas ideas en mente, proyecte una nueve película
en la pantalla, una que exprese el escenario más positivo y proactivo. De nuevo, si ha imaginado esto con claridad y atención, la
escena correrá casi sin esfuerzo. Si al principio no es así, permita
que la pantalla quede en blanco otra vez y comience el proceso
de nuevo. Cuando sienta que ha visualizado el mejor resultado
posible, imagínese poniéndose de pie y subiendo lentamente
las escaleras, contando del uno al diez conforme lo hace. Finalmente, antes de abrir los ojos, haga el compromiso de cambiar
y de modificar sus respuestas cuando se presenten circunstancias difíciles. Hágalo muy proactivamente, pídale a la Luz que
le presente un desafío y ayuda para reconocerlo como una oportunidad de transformación.

## Colores, números y cajas

Hay una segunda técnica de visualización que es útil para tratar
con emociones negativas tales como la envidia, el miedo o la
ira. Empiece cerrando los ojos, diríjalos hacia arriba por un
momento y regréselos a la posición de relajación, siempre con
los párpados cerrados. Ahora imagine el número «3» en color

verde brillante contra el negro de los párpados cerrados. Obsérvelo por un segundo y entonces reemplácelo con el número «2» en azul brillante. Después de un momento reemplace el «2» con el «1» en blanco brillante.

Ahora mire cómo el «1» se disuelve en su escenario predilecto, el lugar donde usted se siente a salvo y en calma. Puede ser un sitio que visitó sólo una vez, durante unas vacaciones, o un lugar al que va todos los días. En este paraíso imagine que sostiene una caja pequeña y sólida de madera pulida y tapa de bisagras, cualquier sentimiento negativo que le moleste se va a la caja, mientras sucede no se moleste con detalles como la apariencia de cierta emoción o cómo se mueve de un lugar a otro. Sólo sienta cómo abandona su cuerpo y su conciencia para entrar en la caja. Cierre la caja.

Ahora que está libre de la negatividad que ha sido una carga, pida al Creador que lo ayude a sanar para que sea una persona más amorosa y generosa. Sienta cómo su alma se libera del dolor que ha estado sufriendo. Prométase vivir de manera que permanezca libre del sentimiento.

Finalmente, imagine que un hermoso rayo de luz blanca, una poderosa fuerza sanadora y purificadora, desciende de lo alto e ilumina la caja de madera. Imagine que la caja empieza a brillar. Observe por un rato cómo ocurre esto y entonces, cuando el rayo se retire, abra la caja. Ahora está completamente vacía.

Respire profundamente y abra los ojos. Regrese su conciencia al mundo. Si practica esta meditación todos los días puede reducir la influencia de las emociones destructivas y eliminar las consecuencias negativas que resultan de ellas.

## Vaya a la vida cotidiana

Mencionamos antes que las variedades de meditación cabalística comparten algunos pasos: asumir la responsabilidad y realizar una decisión consciente de conectarse con la Luz. Un paso final e igualmente útil es utilizar la meditación como herramienta para tomar medidas positivas en el mundo físico. La Cábala no ve la meditación como un viaje en una alfombra mágica. La meditación no nos aleja de los retos de la vida diaria, más bien nos ayuda a ver los retos como oportunidades de crecimiento y de cambio positivo.

Si estamos afligidos, no debemos ni podemos alejar la aflicción a través de la meditación. Más bien la meditación nos da las bases para realizar una acción positiva, nos proporciona fuerza renovada, concentración y seguridad. Nos ayuda a vivir nuestras vidas como auténticos seres generosos.

En la introducción a este libro formulamos algunas preguntas fundamentales:

1. ¿Cuál es el propósito de nuestras vidas?

2. ¿Cuál es el significado, si lo tiene, del dolor y el sufrimiento humano?

3. ¿Qué es lo que podemos elegir y qué está más allá de nuestra elección?

4. ¿Cómo podemos encontrar paz y satisfacción en un mundo que con frecuencia parece caótico y peligroso?

5. ¿Cómo podemos influir positivamente no sólo en nosotros sino también en los demás?

# Capítulo 9
# Compartir el camino

Espero que este libro le haya proporcionado algunas respuestas valiosas a estas preguntas. En este capítulo revisaremos cuáles son las respuestas de acuerdo con la enseñanza cabalística, quizá sea importante decir lo que las respuestas *no* son. Hace algunos años, el premio Nobel de física Steven Weinberg hizo una extraordinaria declaración: «Mientras más comprensible se hace el universo, más sin sentido parece». Este dictamen merece ser analizado seriamente. Después de todo, fue hecho por una persona que pasó su vida estudiando los niveles más elementales de la naturaleza, esto es lo contrario de lo que la Cábala enseña, y de todo lo que este libro ha intentado transmitir.

Permítame ser muy claro a este respecto:

De acuerdo con la Cábala,
mientras más conocemos acerca del universo,
más comprendemos su importancia.

Lo que es más: la Cábala nos dice claramente cuál es ese significado. Como he dicho muchas veces (aunque nunca son suficientes), el significado es transformar el deseo de recibir sólo para nosotros en deseo de recibir para dar y amar a nuestro prójimo como a nosotros mismos.

## Respuestas de la Cábala a las preguntas fundamentales

1. *El propósito de nuestra vida es llevar a cabo una transformación espiritual profunda,* transformar el deseo de recibir sólo para nosotros en deseo de recibir para compartir con los demás. Para lograr la transformación necesitamos analizar cuidadosamente nuestros pensamientos, nuestras palabras y nuestros actos, y darnos cuenta hasta qué punto son controlados por el deseo egoísta; luego, debemos eliminar este deseo, paso a paso. No es una tarea sencilla, el proceso dura toda una vida, pero no existe otra forma de alcanzar la realización genuina y perdurable. El deseo de recibir sólo para nosotros es lo único que dificulta el camino de la transformación y la unidad con el Creador. No lo lograremos si no ayudamos activamente a otros a transformar su naturaleza. Puede ser presuntuoso, pero debemos trabajar no sólo para cambiar nuestro interior, sino al mundo entero. Todos vamos en el mismo bote. O cruzamos juntos la meta o no la cruzamos.

2. *El dolor y el sufrimiento están presentes en nuestras vidas por dos razones: porque no hay acciones positivas de nuestra parte, o*

*porque sufrimos un proceso de purificación que tiene como fin liberarnos de las influencias negativas.* En cualquier caso, siempre tenemos la elección de vivir proactiva y positivamente, independientemente de los desafíos que debamos enfrentar. Éste es el libre albedrío que nos da el Creador. Con nuestras elecciones proactivas nos elevamos por encima de los ángeles hasta participar directamente con Dios. Si elegimos no actuar proactivamente, la transformación se producirá de todos modos, pero como respuesta al dolor y al sufrimiento que surgen de nuestra negatividad y nuestra sujeción al deseo egoísta de recibir sólo para nosotros.

3. *Nuestras elecciones determinan todo.* Todas nuestras acciones, sin importar lo insignificantes que parezcan, influyen en el progreso espiritual del mundo, cada acto de generosidad, cada momento de empatía y compasión, cada acción en la que compartimos sinceramente aumenta las posibilidades de que en otro lugar del mundo ocurra algo bueno. Cada acción noble es como el aleteo de una mariposa que se amplifica hasta convertirse en un tornado.

4. *La paz y la satisfacción —la verdadera paz y la verdadera satisfacción— son resultado directo de nuestra conexión con la Luz del Creador.* Cuando nos sentimos vacíos y solos, cuando sentimos tristeza, ira o confusión, experimentamos la ausencia de Luz en nuestras vidas. Esto puede orillarnos a perseguir riquezas, fama o poder, llegar a sentirnos emocionados y realizados. Pero estos destellos se apagan muy rápidamente. Desde el principio de los tiempos el Creador ha tenido un plan para

nosotros. La naturaleza aparentemente aleatoria de los acontecimientos de nuestras vidas es una ilusión, un espejismo impuesto por una fuerza negativa cuyo propósito es oscurecer y obstruir nuestra conexión con Dios. Pero sin esta fuerza negativa y la posibilidad de elegir lo que ofrece, no podríamos ganarnos la realización que está contenida en la Luz.

5. *La transformación individual es sólo el primer paso.* La Cábala es mucho más que un método de autoayuda. La intención del Creador no es que la Cábala enriquezca la vida de unos cuantos individuos, sino que modifique fundamentalmente la existencia de todos, por ello, debemos considerar la difusión de la sabiduría de la Cábala como una acción positiva en sí misma. Comparta estas herramientas y enseñanzas con todas las personas que pueda. Eso ayudará en su transformación y en la de otros.

A la larga, cuando un número suficientemente grande de personas haya alcanzado la realización a través de las herramientas de la Cábala, se producirá una transformación colectiva que terminará con el caos y el dolor que han marcado el destino de la humanidad desde el pecado de Adán. La muerte, la expresión máxima del sufrimiento humano, desaparecerá del universo y nuestra unidad con el Creador estará completa. Recuerde que su trabajo espiritual no es sólo para usted, la acción más pequeña puede ser la que complete la masa crítica.

## Un llamado a la acción

Sin acción en el mundo —tanto a favor de nosotros como para ayudar a otros— ni la introspección, la meditación, la oración ni el estudio producirán la transformación espiritual. Sin acción física incluso la persona más espiritual es como un automóvil nuevo sin motor: se ve magnífico, pero no va a ningún lado.

La Cábala no invita a retraerse en un desierto solitario metafísico para esperar la iluminación, por el contrario, nos pide involucrarnos directamente en la experiencia del mundo como un todo y trabajar activamente para aliviar el dolor y el sufrimiento de los demás. La Cábala nos impulsa a entrar sin reservas en la vida, conscientes de los peligros espirituales que se nos presentan y armados con el conocimiento de nuestra meta espiritual.

La clave para identificar una acción transformadora reside en la dificultad del acto mismo, lo que cuenta no es la *cantidad* de actos de generosidad, sino la *calidad*. Como somos criaturas cuya característica dominante es el deseo de recibir sólo para nosotros, una de las cosas más difíciles que podemos hacer es colocar las necesidades de otra persona antes que las nuestras. Por tanto, cualquier acción que coloque las necesidades de otros sobre las nuestras será benéfica para la transformación espiritual.

הי

**El fin último de cualquier acción es la transformación de nuestra naturaleza, conforme cambiamos nuestra naturaleza creamos un mundo nuevo.**

Las oportunidades de realizar acciones transformadoras se presentan a cada paso, esas oportunidades no se encuentran del otro lado de la puerta, sino justo en la sala de su casa. Por ejemplo, convertirse en padre y cónyuge menos incisivo y más amoroso permite la transformación más que donar miles de dólares a instituciones de asistencia. Para muchos es más difícil abrir sus corazones a su propia familia que abrir la chequera a desconocidos.

Por esta razón la sabiduría de la Cábala sugiere que enfoquemos nuestra atención a lo que es más difícil para nosotros. Dicta una ley espiritual que donde hay más posibilidades de transformación espiritual el deseo de recibir sólo para nosotros expresará su máxima resistencia. El temor, la inseguridad, el orgullo e incluso la tristeza pueden alzarse para convencernos de la imposibilidad de nuestros propósitos. Cada uno es una manifestación del deseo de recibir sólo para nosotros y una señal de la resistencia al cambio de nuestra negatividad. Las dificultades mismas son pruebas del potencial espiritual del viaje. Cuando el camino se haga difícil recuerde que puede llevarnos más allá del dolor, la penuria y la inseguridad, hasta poder alcanzar la realización por encima de cualquier cosa que hayamos conocido.

La Luz del Creador se revela a una persona en la medida que ésta cree en ella. Si alguien realiza una acción que puede atraer hacia sí la Luz del Creador, no es suficiente, se necesita *creer* que la acción atraerá la Luz del Creador. Recuerde: la cantidad de Luz que se revela a través de su acción es directamente proporcional a la comprensión que tenga de su poder. Mientras más entendamos y creamos en nuestra capacidad para atraer la Luz del Creador, más Luz llegará a nosotros.

Se dice que la siguiente historia ocurrió hace cientos de años en algún lugar de Europa Oriental. Los acontecimientos de la narración tal vez no sean históricamente exactos, pero creo que en los puntos importantes es tan cierto como cualquier otro.

## Los sobres se deslizaban por debajo de las puertas

Un viajero que caminaba en las afueras de una ciudad encontró una tumba cavada recientemente justo a la mitad de un campo abierto, en la lápida estaba inscrito: «AQUÍ YACE YOSSELE».

«Qué extraño», pensó el viajero «¿por qué habrán enterrado a este hombre aquí? ¿Por qué no en el cementerio?»

Cuando el viajero entró al pueblo, buscó al rabino de la localidad y lo cuestionó sobre la tumba.

—¿Qué fue lo que ocurrió? —preguntó al rabino—. ¿Por qué no se enterró al tal Yossele en el cementerio, junto a los demás?

El rabino movió la cabeza de un lado a otro y se encogió de hombros.

—A decir verdad, tuvo suerte de haber sido enterrado. De hecho, yo lo enterré porque si no nadie lo hubiera hecho, no hubo quien lamentara su muerte. Yossele era la persona más tacaña. Cuando supo que iba a morir y la sociedad funeraria le pidió que pagara el costo de su funeral, él se rehusó. ¿Puede creerlo? ¡Yossele sólo tenía unos cuantos días de vida y no quiso pagar su entierro!

—Es increíble —dijo el viajero—. ¿Así que usted solo lo enterró?

—Sí —contestó el rabino.

—Hizo una buena acción aunque el tal Yossele no la merecía.

El rabino asintió y justo en ese momento alguien tocó la puerta.

—Discúlpeme —dijo el rabino al viajero. Abrió la puerta y ahí estaba un hombre que obviamente era muy pobre. Vestía harapos y parecía muy preocupado.

—¿Qué puedo hacer por usted?— preguntó el rabino.

—Necesito un poco de dinero para comprar algo que comer.

El rabino asintió y sacó dinero de su bolsillo para dárselo al hombre. Cerró la puerta y dirigió su atención al viajero, en cuanto reanudaron su conversación, tocaron otra vez la puerta. El rabino se disculpó y al abrir se encontró con otro hombre necesitado.

—¿Qué puedo hacer por usted? —preguntó el rabino.

—Por favor —dijo el hombre— necesito dinero para comida.

El rabino hurgó en su bolsillo, dio al hombre dinero y cerró la puerta. Luego regresó con el viajero y retomó la conversación en el punto en que la había dejado. Tocaron por tercera vez a la puerta, y cuando el rabino abrió ahí estaba otro pobre. Lo que es más: detrás de éste el rabino descubrió a más pobres dirigiéndose hacia su casa. Era una multitud.

—¿Qué está pasando aquí? —preguntó el rabino—. ¡Ni siquiera sabía que hubiera tantos pobres en esta ciudad! —Luego vio al hombre que estaba en la puerta—. ¿Qué ha ocurrido? ¿Dónde han estado escondidos? ¿Y por qué ahora, de repente, vienen conmigo?

El pobre respondió con un tono de desesperación.

—Nadie había necesitado ayuda hasta ahora. Durante años hubo alguien que se encargó de todos los pobres de la región. Todos los miércoles, entre la medianoche y el amanecer, aparecía debajo de las puertas de nuestras casas un sobre con dinero suficiente para la semana. Pero ahora ha pasado el miércoles y no hay sobres. ¿Qué vamos a hacer?

Mientras el rabino buscaba en su casa dinero suficiente para distribuir entre las personas que esperaban afuera, preguntó al viajero si tenía alguna explicación para este misterio. Pero el viajero no tuvo respuesta.

Mientras el rabino repartía el dinero el viajero preguntó:

—A propósito, ¿cuándo murió exactamente el tal Yossele?

—El jueves pasado —contestó el rabino.

—Y hoy es jueves de nuevo. La ausencia de los sobres coincide con la muerte del avaro.

Tanto el rabino como los pobres que estaban reunidos en la puerta miraron incrédulos al hombre.

—No está sugiriendo que Yossele era el que regalaba el dinero, ¿o sí?

—Bueno —dijo el viajero—, no veo que exista otra explicación. No hay mucha gente yendo y viniendo a esta ciudad. Nadie más ha fallecido. Debe ser él.

Los ojos del rabino se abrieron de par en par, primero con asombro, y luego al caer en cuenta de la verdad. Yossele había sido un avaro, pero un avaro santo. Todos lo juzgaron mal porque él así lo quizo. ¡Había guardado la verdad para sí con la misma determinación con la que aparentaba aferrarse a su dinero!

Ese mismo día el rabino hizo que toda la población se reuniera a lamentar la muerte de Yossele y a rogar por su perdón. Todos estaban juntos, todos los que habían pensado que Yossele era despreciable ahora lo consideraban una persona verdaderamente justa, especialmente porque había mantenido su virtud en secreto.

Pero entonces ocurrió otro incidente completamente inesperado. Mientras el rabino ensalzaba a Yossele como un avaro santo, súbitamente sintió que perdía contacto con el mundo físico. Sin embargo no era como si estuviera enfermo o muriendo, ni siquiera como si se desmayara. Más bien accedía a un estado de conciencia elevada. El rabino tuvo una visión. Estaba parado junto con Yossele en algún lugar por arriba de la Tierra.

—Yossele —dijo—. Lamento la manera en que fuiste tratado cuando estabas vivo. No lo sabíamos.

—Por supuesto que no —contestó Yossele amablemente—, no quería que supieran, no lo hice con el fin de obtener reconocimiento. Lo hice por dar, no por recibir.

—Y sin embargo —dijo el rabino— debe ser muy gratificante para ti ahora que estás en los reinos celestiales. Ahí, estoy seguro, convives con las almas de los patriarcas y las matriarcas; con Abraham, Isaac, Jacob, Moisés y David, con Sarah, Leah, Raquel y Rebeca.

El simple hecho de mencionar estos nombres produjo un escalofrío en el rabino. Pero le sorprendió la mirada distante de Yossele.

—¿No es el logro supremo de la creación estar en la presencia de esas grandes almas? —preguntó el rabino—. ¿No es lo máximo a lo que puede aspirar un alma?

—Sí, es maravilloso —coincidió Yossele—. Pero...

—¿Pero? —dijo el rabino expectante—. ¿Pero?

Y de repente Yossele habló con súbita convicción.

—Pero nada, ni siquiera estar en la presencia del Creador, puede compararse a lo que sentía cuando deslizaba esos sobres debajo de las puertas los miércoles por la noche.

Me encanta esta historia por la enseñanza de que la realización última depende de nuestro paso a otra dimensión de la existencia. Logramos la realización cuando nos convertimos en seres generosos y cuando ejecutamos actos nobles que resultan de esto.

Conforme escribo las líneas finales me doy cuenta de la gran oportunidad que tenemos en nuestras vidas:

**La realización nos está esperando, aquí y ahora.**

Y también me doy cuenta de la necesidad apremiante de aprovechar esta oportunidad. En la introducción hablé de mi miedo a tener que decir adiós a mis padres si éstos dejaran este mundo, dije también que seguramente usted ha experimentado un temor similar y le aseguré que las herramientas de la Cábala podrían ayudarlo a terminar con eso. *El camino de la Cábala* me ha dado los medios para presentar esas herramientas, y escribir acerca de ellas en este momento de mi vida ha revelado su importancia con más claridad que nunca. Ahora soy esposo y padre, hay más personas a las que no quisiera decir adiós, más personas a las que amo profundamente y deseo que estén libres de cualquier sufrimiento. Sé que también hay gente así en su vida.

Espero que utilice las herramientas sagradas de la Cábala para acelerar su propia transformación y que comparta estas herramientas con otros, de manera que podamos lograr juntos el fin del dolor, del sufrimiento y de la muerte para toda la humanidad, para que podamos vivir en la Luz y experimentar la realización.

# Glosario

**Akideh** (lit., ligadura) Se refiere al episodio descrito en Génesis 22, cuando el Creador pide a Abraham que ofrezca a su hijo Isaac en sacrificio. La Cábala explica que la naturaleza espiritual *gevurah* (enjuiciamiento) de Isaac fue atenuada o «endulzada» por la esencia de *chesed* (generosidad, misericordia) de Abraham.

**Bat Kol** (lit., una voz [de lo alto]) Los cabalistas explican que cada uno de nosotros experimenta este momento de despertar espiritual interno. *Bat Kol* es un destello repentino de la Luz del Creador.

**Cábala** La sabiduría antigua dada por el Creador a la humanidad; el camino preparado por Dios para alcanzar la realización y para eliminar el dolor, el sufrimiento e incluso la muerte.

**Chesed** Generosidad. Uno de los diez *sefirot*.

**D'vekut** (lit., vínculo) La Cábala enseña que el propósito último de nuestro trabajo espiritual es la realización suprema, que resulta al establecer el *d'vekut* con el Creador.

**Ein sof** (lit., eterno) Los cabalistas usan este término para referirse al Creador. Aunque no podemos aprehender la naturaleza del Creador, Su eternidad es un atributo que podemos entender.

**Elohim** Uno de los nombres de Dios. El Creador tiene muchos nombres, cada uno de los cuales denota una de Sus emanaciones. Cada nombre expresa una manifestación diferente de la Luz del Creador.

**Emunah** (lit., confianza [en el Creador]) No se trata de fe ciega. *Emunah* es confianza formada a partir de la comprensión del amor del Creador y del poder de las herramientas de la Cábala que nos ha dado el Creador.

**Gevurah** (lit., fuerza) Uno de los diez *sefirot*. *Gevurah* expresa la energía del enjuiciamiento.

**Kavanah** (lit., intención, especialmente en cuanto al pensamiento) *Kavanah* es un elemento importante de la meditación cabalística que se refiere a una atención concentrada —por ejemplo sobre una combinación de letras del alfabeto hebreo— orientada a dirigir y atraer un flujo específico de Luz.

**Luz del Creador** Nosotros no podemos comprender al Creador, pero podemos relacionarnos y conectarnos con Su Luz, que es la fuente de toda alegría y realización.

**Malchut** (lit., reino) El último de los diez *sefirot*. *Malchut* manifiesta la Luz del Creador. Es la Vasija hacia la que fluye la Luz.

**Nahama dichisufa** «Pan de vergüenza.» La Cábala enseña que debemos ganarnos la Luz, no simplemente recibirla. Nuestra naturaleza esencial es la misma del Creador. Como Él, no podemos aceptar «regalos», hemos venido a este mundo para ganarnos la Luz y cuando lo logramos somos liberados del «pan de vergüenza».

**Sefer Yetzirah** *El Libro de la Formación.* Los cabalistas atribuyen este libro a Abraham el Patriarca. Es una revelación fascinante acerca de la creación del mundo a través del alfabeto hebreo, con una explicación del poder espiritual de cada letra.

**Shabat** El Sabbath. El séptimo día de la semana las puertas del cielo están abiertas. El Creador nos da este regalo para reponer nuestras almas y darnos una probada de la verdadera realización.

**Sefirah** (pl., *sefirot*) Las emanaciones del Creador; los canales espirituales a través de los cuales Su Luz fluye hacia nosotros.

**Tikkun** (lit., enmienda) El proceso de corrección espiritual. Cada uno de nosotros vino a este mundo para realizar una *tikkun* específica.

**Tsimtsum** (lit., restricción u obstaculización) Uno de los primeros acontecimientos que ocurrieron en el mundo espiritual primigenio. La Vasija restringió el flujo de la Luz del Creador para ganársela y no simplemente recibirla.

**Tzaddik** (pl. *Tzaddikim*) Una persona recta. La Cábala enseña que los *tzaddikim* son canales a través de los cuales podemos atraer la Luz.

**Tzedaka** Caridad. Un importante acto de generosidad.

**Vasija** El receptor espiritual. Todos somos Vasijas para la Luz del Creador. Como Vasijas manifestamos la Luz.

**Zohar** La fuente de la sabiduría cabalística revelada por Rabí Simón bar Yochai hace dos mil años. Al leer el Zohar —o incluso simplemente al hojearlo— atraemos gran cantidad de Luz hacia nosotros y hacia el mundo.

*El camino de la Cábala* se terminó de imprimir en agosto de 2003, en Encuadernación Ofgloma, S.A. Calle Rosa Blanca No. 12, col. Santiago, Acahualtepec, C.P. 09600, México, D.F.